Socialismo.info

Edizione 2018
Proprietà riservata

MIKOS TARSIS

LE TEORIE ECONOMICHE DI GIUSEPPE MAZZINI

Non vinceremo se non a patto d'esser migliori dei nostri nemici
e non calcarne le orme colpevoli.

Giuseppe Mazzini

Nato a Milano nel 1954, laureatosi a Bologna in Filosofia nel 1977,
già docente di storia e filosofia, Mikos Tarsis (alias di Enrico Galavotti)
si è interessato per tutta la vita a due principali argomenti:
Umanesimo Laico e Socialismo Democratico, che ha trattato in homolai-
cus.com e che ora sta trattando in quartaricerca.it e in socialismo.info.
Ha già pubblicato *Pescatori di favole. Le mistificazioni nel vangelo di
Marco*, ed. Limina Mentis; *Contro Luca. Moralismo e opportunismo nel
terzo vangelo*, ed. Amazon.it; *Protagonisti dell'esegesi laica*, ed. Ama-
zon.it; *Metodologia dell'esegesi laica*, ed. Amazon.it; *Amo Giovanni*, ed.
Bibliotheka.
Per contattarlo info@homolaicus.com o info@quartaricerca.it o info@-
socialismo.info
Sue pubblicazioni: Lulu.com e Amazon.it

Premessa

Mi sono accinto a scrivere qualcosa su Mazzini semplicemente perché con una mia classe andai a sentire alcuni repubblicani di Cesena parlare di lui, nonché alcuni insegnanti che l'anno precedente avevano fatto studiare ai loro ragazzi un opuscolo di questo autore, *Dei doveri dell'uomo*, mettendoci nelle ultime pagine i loro commenti. Ogni anno l'associazione mazziniana propone un'iniziativa del genere per le scuole. A Cesena e, se si vuole, in buona parte della Romagna il partito repubblicano è sempre stato abbastanza forte.

Devo dire che a me Mazzini non è mai piaciuto: gli ho sempre preferito, tra gli italiani del suo tempo, Buonarroti e Pisacane, di idee socialisteggianti, e anche i federalisti alla Cattaneo, coi quali lui era spesso in polemica. Forse perché le mie origini di famiglia sono state anarco-socialiste e la questione *sociale* è sempre stata posta all'ordine del giorno. In lui invece prevaleva quella *nazionale*, e devo dire che in fondo, benché sia stato sconfitto nelle sue cospirazioni, la sua idea di centralizzare il governo statale (che poi era anche quella dei Savoia) ha avuto successo, benché oggi ne paghiamo un conto piuttosto salato, in quanto lo Stato non è in grado di risolvere alcun vero problema sociale (o comunque non è in grado di farlo in maniera sicura, costante): basta vedere gli alti livelli di disoccupazione (specie quella giovanile), l'abbandono progressivo delle campagne, l'incredibile debito pubblico che deprime le spese sociali, l'asfissiante criminalità organizzata, l'enormità delle tasse da pagare e l'altrettanto enorme evasione fiscale di chi se lo può permettere.

Sfogliando il suddetto opuscolo, mi sono soffermato sul capitolo dedicato all'*economia*, poiché ritengo che la maggiore differenza tra lui e l'ideologia socialista emerga proprio in questo settore. Mazzini rappresenta benissimo l'ideologia piccolo-borghese dei ceti medi, che in Italia, peraltro, è oggi nettamente prioritaria su tutte le altre. Oltre a questo capitolo mi sono letto, di lui, *Scritti: politica ed economia* (ed. Sonzogno) e ovviamente gli scritti di Franco Della Peruta, che di lui conosce parecchie cose.

A distanza di un secolo e mezzo dalla sua morte possiamo tranquillamente dire che l'idea repubblicana s'è imposta in maniera irreversibile, e a quanto pare anche la democrazia parlamentare centralizzata, la cui inefficienza però sembra essere un sempiterno preludio a qualche svolta autoritaria.

Del tutto superati sono i suoi continui richiami alla religione cristiana, seppur in forma laicizzata, la sua filosofia del dovere contrapposta alla rivendicazione dei diritti (che non gli favorì il consenso degli operai, agricoli e industriali), il culto del progresso tecnico-scientifico (oggi fonte primaria di ogni devastazione ambientale), il suo appello all'ideale di patria (reso vano dal globalismo apolide delle merci e delle persone), lo spirito di sacrificio (del tutto incompatibile con le esigenze consumistiche di un capitalismo rampante) e altre cose ancora.

Di una cosa però bisogna dargli atto: non si arrendeva alle sconfitte. Carlo Cattaneo diceva di lui che reputava vittorie anche i disastri, purché si combattesse. Ecco, se c'è qualcosa che di Mazzini dovremmo recuperare è proprio la combattività contro un sistema che ci sta privando delle nostre migliori energie morali e intellettuali. Con questa differenza: il nemico non è più esterno e ben identificabile (gli Austriaci, i Borboni, lo Stato della chiesa, i sovrani pusillanimi, corrotti o traditori), ma è *tutto interno alla società*, è in casa nostra, fa parte di un "villaggio globale" in cui ogni paese gestisce, formalmente, la propria "tenda"; è un nemico invisibile, puramente economico e finanziario, che sembra non coartare fisicamente la libertà di nessuno. Ognuno di noi appare come un cittadino giuridicamente libero ma incapace di compiere delle scelte in autonomia.

Ecco forse avremmo bisogno di gente come Mazzini che non si arrende allo *status quo*.

Biografia di Giuseppe Mazzini

Figlio di un medico genovese e di una fervente giansenista, Giuseppe Mazzini (1805-72) fu uno dei leader del movimento di liberazione italiano per l'unificazione nazionale. Da giovane si era iscritto alla segreta Carboneria, protagonista dei moti liberali del 1821, impegnandosi prevalentemente a Livorno.

Tradito da un infiltrato del governo sabaudo e poi arrestato nel 1830, fu bandìto dallo Stato. Si rifugiò a Marsiglia, dove fondò, l'anno dopo, la "Giovine Italia", associazione cospirativa e insurrezionale, autofinanziata, volta a realizzare una nazione unita, indipendente e repubblicana. Essa, che si rivolgeva alla giovane generazione (quella che non aveva fatto i moti del 1820-21), rappresentava un passo avanti rispetto al programma carbonaro, sia perché si poneva in maniera pubblica (senza la segretezza e il simbolismo dei riti di affiliazione), sia perché voleva una repubblica democratica e non una monarchia costituzionale, sia perché non contava sull'aiuto straniero né sul favore dei sovrani degli Stati regionali, in quanto li giudicava inaffidabili, sia perché non nutriva idee irreligiose, provenienti dai retaggi della rivoluzione francese, anche se aveva un programma anticlericale contro il potere temporale del papato (semmai promuoveva valori etico-religiosi basati sulla provvidenza, sul martirio, sulla missione per l'umanità, sull'educazione, ecc.). Il governo della futura nazione doveva inoltre essere centralizzato, senza uno Stato federale.

Il programma della "Giovine Italia" non prevedeva nulla riguardo alla confisca di tutte le grandi proprietà terriere, al fine di assegnarle gratuitamente ai contadini. Mazzini, d'altra parte, è sempre stato contrario a sovvertire i diritti legittimamente acquisiti: si considerava un giusnaturalista. Il che però lo porterà ad avere scarso consenso sociale sia tra i contadini che tra gli operai.

Tale mancanza di consenso si rifletterà nella scelta di una tattica che non darà mai i frutti sperati: quella di realizzare complotti e moti eversivi in ambito locale contro le forze di occupazione straniera e contro quelle collaborazioniste; il tutto diretto sempre dall'estero, senza uno stretto legame con le masse popolari, senza una chiara strategia eversiva in grado di contrastare le forze militari ben organizzate del nemico e senza neppure considerare se esistesse o meno una reale situazione rivoluzionaria. L'idea di una guerra per bande gli era stata suggerita dall'opera di Carlo Bianco di Saint Jorioz, *Della guerra nazionale d'insurrezione per bande*, il quale aveva guidato un moto insurrezionale ad Alessandria nel 1821.

A livello di politica economica Mazzini fu debitore delle idee piccolo-borghesi e social-utopistiche di Saint-Simon e Sismondi.

A Marsiglia andarono a vuoto i tentativi di appoggiare dall'esterno la rivoluzione del febbraio 1831 nell'Italia centrale. La "Giovine Italia" subì lo smacco più grande nel 1833, in seguito a una grande ondata di arresti in tutta la penisola. Fallì anche l'invasione della Savoia tentata dal Mazzini l'anno successivo e il tentativo insurrezionale a Genova (cui partecipò anche Garibaldi).

Mazzini venne condannato a morte in contumacia dalle autorità sabaude. Espulso dalla Francia, si rifugiò in Svizzera, ove fondò con esuli polacchi e tedeschi la "Giovine Europa" (1834) per la liberazione di tutte le nazionalità europee oppresse e per una Federazione di Stati Uniti europei. Egli era sempre più convinto che in Italia i moti fallivano per colpa degli intellettuali, che giudicava troppo individualisti e troppo legati alle idee del vecchio illuminismo ateo di origine francese.

La "Giovine Europa" verrà eliminata dalla potenze europee più reazionarie, le quali obbligarono le autorità svizzere a esiliare Mazzini, che nel 1837 riparò a Londra, dove però non seppe cosa fare almeno sino al 1839, quando decise di ridare vita alla "Giovine Italia". L'anno dopo fondò l'Unione degli operai italiani, essendo rimasto molto impressionato dalla capacità organizzativa del movimento cartista. In parte condivideva le idee del socialista utopista Charles Fourier. Si rese conto d'aver trascurato gli artigiani e gli operai e che era necessario concedere maggiore autonomia ai nuclei locali della sua associazione.

Conquistò le simpatie degli inglesi, ma non quelle del governo in carica, il quale infatti, quando nel 1844 due giovani ufficiali veneti della marina austriaca, i fratelli Bandiera, tentarono di organizzare una rivolta contro il regime ultrareazionario del regno di Napoli, provvide ad avvisare le autorità borboniche, essendo venuto a conoscenza del complotto attraverso delle lettere indirizzate a Mazzini. I cospiratori furono immediatamente catturati e fucilati.

Nel 1848 fondò a Parigi l'Associazione Nazionale Italiana e accorse a Milano insorta nelle Cinque giornate contro gli austriaci (18-22 marzo 1848).

La sua personalità emerse soprattutto durante le rivoluzioni europee del 1848-49. In particolare nel 1849 fu a capo del governo provvisorio della Repubblica romana, abbattuta, sei mesi dopo, dalle truppe francesi chiamate dal papato. A Roma, dopo la fuga del papa, era stato chiamato dall'Assemblea Costituente (composta in maggioranza da democratici borghesi mazziniani), come membro del Triumvirato di presidenza, avente potere esecutivo (gli altri due erano Saffi e Armellini). L'Assemblea era composta da liberali moderati (che avevano la maggioranza dei seggi) e da democratici radicali. Il governo della Repubblica nazionalizzò e mise in vendita i beni mobili e immobili degli ordini monastici; al posto dei tribunali ecclesiastici furono posti quelli civili; furono diminuiti i dazi doganali e abolita l'imposta sul macinato; si eliminò il sistema del maggiorascato. Tuttavia i contadini non ebbero la terra in proprietà, né erano in grado di comprare quelle requisite agli ordini regolari e messe all'asta. Di qui la decisione dei contadini di non appoggiare la Repubblica.

La Repubblica cadde perché il triumvirato, invece di approfittare dell'iniziale vittoria contro i francesi, sperò di ottenere un armistizio da Luigi Napoleone Bonaparte (il futuro Napoleone III), inducendolo alla neutralità. Il generale francese Oudinot si mostrò disponibile alla trattativa, ma in realtà aveva soltanto intenzione di ricevere rinforzi dal proprio governo, che infatti glieli mandò. D'altra parte gli austriaci avevano già oltrepassato il Po, senza essere ostacolati dalle forze piemontesi, mentre i borbonici avevano occupato Velletri, pur venendo sconfitti da Garibaldi a Palestrina. Garibaldi volle approfittare di questa vittoria per entrare decisamente nel Napoletano, ma il triumvirato lo richiamò a Roma.

Caduta la Repubblica, Mazzini riparò in Svizzera e di qui nuovamente a Londra, dove fondò il Comitato provvisorio nazionale con cui continuava l'organizzazione di rivolte cospirative (Milano, Genova, Sapri), sostenute da un Prestito nazionale italiano di

10 milioni di franchi (in azioni da 100 franchi), lanciato clandestinamente, per acquistare armi e munizioni.

Trattò col re Vittorio Emanuele II e col cancelliere Bismarck per la liberazione del Veneto e fondò l'Alleanza Repubblicana Universale, sia per favorire l'unificazione nazionale, sia per opporsi alla penetrazione in Italia dell'Internazionale di Marx e Bakunin.

Nel 1850 fu uno degli organizzatori del Comitato centrale degli emigrati della democrazia europea a Londra. Agli inizi degli anni '50 cercava appoggio tra i circoli bonapartisti, ma in seguito si pronunciò contro l'ingerenza della Francia bonapartista nella lotta di liberazione nazionale italiana. Indubbiamente, dopo il fallimento dei moti rivoluzionari del 1848-49, la parabola di Mazzini subisce un progressivo declino, in quanto le forze progressiste tendono a volgere il loro sguardo verso il governo sabaudo, ritenuto maggiormente in grado di realizzare l'unificazione nazionale. La stessa insurrezione di Milano, nel febbraio 1853, lo vede del tutto assente. Anzi il comitato militare di Genova (del partito mazziniano) e degli esuli repubblicani in Svizzera, non avevano permesso di far arrivare i fucili agli insorti, che pur erano stati promessi, sicché questi dovettero combattere con coltelli e pugnali. Gli stessi mazziniani borghesi della città, ostili alle idee socialiste dei rivoltosi, rimasero chiusi nelle loro case.

Su questa insurrezione scriverà Marx in un articolo, apparso l'8 marzo 1853 sul "New York Daily Tribune": "è stata un atto eroico di un pugno di proletari che, armati di soli coltelli, hanno avuto il coraggio di attaccare una cittadella e un esercito di 40.000 soldati tra i migliori d'Europa..., ma come gran finale dell'eterna cospirazione di Mazzini, dei suoi roboanti proclami e delle sue tirate contro il popolo francese, è stata un risultato molto meschino. È da supporre che d'ora in avanti si ponga fine alle *revolutions improvisées*, come le chiamano i francesi... In politica avviene come in poesia: le rivoluzioni non sono mai fatte su ordinazione...".

Al momento della fondazione della I Internazionale anarco-socialista-democratica (1864)[1] cercò di sottometterla alla sua in-

---

[1] L'Associazione Internazionale dei Lavoratori (o Prima Internazionale) fece la sua prima conferenza nel settembre 1865 a Londra. Essa era composta da operai inglesi, anarchici, socialisti francesi e repubblicani italiani. Inizialmente la lotta

fluenza, senza però riuscirvi, in quanto Marx ed Engels glielo impedirono. Ciò che di essa non sopportava erano le idee classiste e materialistiche.

Fatta l'unificazione nazionale, tornò in Italia nel 1870, ma venne arrestato a Palermo per attività anti-governativa e filo-repubblicana. Nel 1871, dopo aver rifiutato l'elezione a deputato del parlamento italiano, fondò a Roma il Patto di fratellanza tra le Società operaie italiane, ma si pronunciò contro la Comune di Parigi e contro l'Internazionale (diversamente da Garibaldi), ostacolando lo sviluppo autonomo del movimento operaio in Italia. Egli infatti propugnava il miglioramento dell'economia capitalistica attraverso la gestione cooperativa dell'attività economica appoggiata dallo Stato. Sostenne anche l'abolizione della schiavitù, l'emancipazione della donna, la libertà di religione, di pensiero e di stampa. Tra i suoi seguaci più significativi F. D. Guerrazzi, G. B. Niccolini, G. Mameli e naturalmente, fino al 1849, G. Garibaldi e C. Pisacane (quest'ultimo diede al mazzinianesimo un impulso in direzione del socialismo).

---

interna fu contro i mazziniani, poi contro i proudhoniani, infine contro gli anarchici di Bakunin. Quest'ultimi furono i primi in Italia a costituire dei nuclei dell'Internazionale.

Teorie economiche nei *Doveri dell'uomo*

Nell'opuscolo *Dei doveri dell'uomo*, scritto nel 1860, Giuseppe Mazzini dedica l'ultima parte all'economia, nel suo stile piccolo-borghese, in cui anzitutto vengono dio[2], la legge, la patria, la famiglia, i doveri in generale, ecc. Solo alla fine si parla dei fattori che dovrebbero essere preliminari a tutto: il *lavoro* e la *proprietà*.

Così facendo, si capisce subito da che parte sta questo "padre della patria italiana": certamente non da quella degli operai e tanto meno dalla parte dei contadini (quest'ultimi, nel capitolo in oggetto, non vengono quasi mai citati).

Eppure egli sembra essere consapevole delle sofferenze dei lavoratori: "Per i tre quarti almeno degli uomini che appartengono alla classe operaia, agricola o industriale, la vita è una lotta d'ogni giorno per conquistarsi i mezzi materiali indispensabili all'esistenza". Lui stesso afferma che si lavorava fino a 14 ore al giorno, ed è costretto ad ammettere che insegnare a questa gente, schiava del lavoro, "il dovere di progredire, di vita intellettuale e morale, di diritti politici e di educazione è una vera ironia".

Ciò tuttavia non gli impediva di predicare la "religione del dovere" a quei lavoratori che, per poter esistere, avevano bisogno piuttosto di rivendicare dei diritti.

---

[2] A dir il vero in una lettera privata a Sismondi egli afferma d'essere credente solo quel tanto che basta a far convincere le plebi che le idee liberali non sono figlie dell'ateismo illuministico. Questo perché - secondo lui - le plebi non aderiscono alla democrazia in quanto temono che chi la propugna non sia un "buon cristiano". Il suo dio quindi, quando non è filosoficamente astratto (coincidente con l'umanità), è soltanto un dio politico privo di organismi ecclesiastici, dei quali l'unico che ammette è il Concilio Universale, privo di potere temporale (ma la tendenza della chiesa romana, che col Concilio Vaticano I propugnerà il dogma dell'infallibilità pontificia, andrà in direzione opposta). Tutto ciò per dire ch'egli fece un passo indietro rispetto alle concezioni progressiste che avevano gli intellettuali del Settecento, le quali, se svolte coerentemente, avrebbero anche potuto portare a idee socialistiche, come già in Francia e Inghilterra era accaduto (in Italia con Buonarroti e Pisacane, ma si veda anche l'opera di Giuseppe Ferrari). D'altra parte tutto l'Ottocento nazionale, su questo tema, è regressivo: si pensi alle idee mistiche di Rosmini, Gioberti, Manzoni... rispetto a quelle razionalistiche di Romagnosi, Filangieri, Beccaria, Gioia...

Essendo vissuto molto tempo all'estero, Mazzini era venuto a contatto con le ideologie progressiste dell'Europa e, per quanto molte di esse le considerasse nocive al progresso, si sentiva indotto ad ammettere che il diritto al lavoro era una questione assolutamente fondamentale e che, all'interno di questo diritto, era necessario garantire un salario adeguato, altrimenti qualunque altro progresso sarebbe stato irrealizzabile.[3]

Egli mostra di sapere bene che se le rivoluzioni politiche non migliorano le condizioni sociali e materiali dei lavoratori, non servono a nulla. Gli ambienti esteri orientati verso il socialismo l'avevano indubbiamente e positivamente influenzato. La sua stessa ideologia piccolo-borghese a volte sembra avvicinarlo alle tesi del socialismo in merito alla condizione di vita del proletariato industriale, ma poi se ne distacca subito nel momento in cui propone delle soluzioni operative al problema della miseria. Questo fa pensare ch'egli non fosse uno sprovveduto, anche perché quando parla di socialismo mira a deformarlo proprio in quegli aspetti che maggiormente possono far comodo all'ideologia ch'egli professa o a cui fa costantemente riferimento.

Per esempio assume i panni del socialista quando dice che gli operai, avendo salari da fame, non riescono a creare, risparmiando sul salario, degli istituti sociali (casse di mutuo soccorso, ecc.) con cui vincere la miseria; e poi aggiunge che anche quando vi riescono, tali istituti paiono servire a qualcosa soltanto quando si è smesso di lavorare: ci vuol tempo infatti per ottenere un capitale significativo dai propri miseri risparmi. Ed è socialista anche quando critica gli economisti borghesi, che illudono gli operai, relativamente alla loro situazione di sfruttamento, di potersi emancipare in due maniere: 1) puntando sulla capacità di sviluppare le proprie aspirazioni imprenditoriali, da realizzarsi in forma individuale o associata; 2) avendo fiducia che lo sviluppo costante del capitalismo porterà un progressivo benessere per tutti.

È singolare tuttavia ch'egli rifiuti tali soluzioni liberiste per i problemi degli operai non tanto perché le giudica infattibili sul piano sociale, quanto perché le ritiene "una risposta disperata, atea

---

[3] Da notare che Mazzini non metterà mai in discussione il salario, bensì il salario iniquo, quello insufficiente.

e immorale", lasciando così intuire che se esse avessero connotazioni più *sociali* e *religiose*, potrebbero anche essere praticabili.

L'ideologia piccolo-borghese non può accontentarsi del solo aumento della produzione: ha bisogno anche di una migliore *distribuzione del reddito*. Per lui i limiti da evitare sono sostanzialmente due: quello dei "filantropi", secondo cui l'uomo va migliorato sul piano etico, stoicamente, portandolo ad accontentarsi di poter sbarcare il lunario, senza dargli la possibilità di contribuire efficacemente alla crescita della ricchezza nazionale; e quello degli "economisti", che s'interessano soltanto di produzione quantitativa e non si preoccupano della condizione di vita di chi lavora.

La suddetta ideologia chiede agli uni e agli altri una "prosperità universalmente diffusa", nel senso che se di progresso industriale si può parlare, sostenendolo con ogni mezzo, in quanto il progresso non può essere fermato, ebbene, è giusto che siano tutti a poterne beneficiare equamente, senza altresì dimenticare che, all'interno di tale progresso materiale, vanno salvaguardati i valori morali e spirituali appartenenti alla religione cristiana.[4]

I capitali concentrati nelle mani di poche persone finiscono - dice Mazzini - per essere investiti nella "produzione di oggetti superflui, di lusso, di bisogni fittizi, invece di concentrarsi sulla produzione degli oggetti di prima necessità per la vita", oppure si avventurano "in pericolose e spesso immorali speculazioni" (sottinteso finanziarie, borsistiche, ecc.).

Parole di questo genere Mazzini non le aveva certamente mutuate dagli ambienti dell'alta borghesia. Anzi, a quel tempo solo chi professava idee socialiste poteva dire che "il capitale è despota del lavoro". In questo bisogna riconoscergli dei meriti, non foss'altro perché oggigiorno neppure i socialisti sostengono un'evidenza del genere.

---

[4] Spesso e volentieri Mazzini sostiene di voler realizzare una "società cristiana", avente valori simili a quelli del cristianesimo primitivo, che sicuramente non conosceva la corruzione dello Stato della chiesa. Eppure egli non disgiunge mai cristianesimo e borghesia: la sua società cristiano-borghese deve infatti prevedere i commerci, le attività imprenditoriali, artigianali, aventi fine di lucro, ivi incluse le varie forme di proprietà. L'uguaglianza per lui deve anzitutto essere morale, religiosa, politica, ma non può essere materiale, proprio perché la natura fa nascere gli uomini tutti diversi nelle loro capacità.

E tuttavia non è tanto nel momento dell'analisi che la sua ideologia piccolo-borghese va contestata, quanto proprio nelle soluzioni operative che offre. Questa ideologia, infatti, è anti-capitalistica solo quando si tratta di contestare l'attività di chi possiede grandi imprese, terre, miniere, materie prime, ecc., poiché giudica i capitalisti viziati dal peccato dell'egoismo (senza peraltro rendersi conto che le leggi economiche del sistema vanno bene al di là degli atteggiamenti personali); ma ridiventa borghese quando si tratta di esaltare l'attività del ceto medio, la cui ricchezza dipende unicamente dal proprio ingegno, dalla propria capacità imprenditoriale, a prescindere dai capitali di partenza.

Quando invece si tratta di prendere in esame la situazione della classe operaia, la soluzione ch'egli prospetta è del tutto anti-socialista, in quanto gli operai, se davvero vogliano emanciparsi, non possono non diventare "borghesi".

Mazzini non mette mai in discussione che il sistema sociale debba essere di tipo capitalistico: quello che propone sono soltanto dei correttivi alle storture del sistema; e la causa ultima di queste storture - qui sta la limitatezza del suo pensiero - egli l'attribuisce unicamente alla volontà dei grandi possessori di beni privati, senza riuscire a mettere in rapporto tale volontà soggettiva a quella mentalità o a quella cultura, nata in Italia già a partire dal Mille e poi impostasi in tutta l'Europa occidentale, favorevole allo sviluppo di una classe sociale molto particolare, sommamente individualistica, formalmente religiosa e strettamente interessata a vincolare la propria affermazione sociale all'accumulo di capitali. Una mentalità del genere, nella fase iniziale, quella meramente commerciale, della nascita del capitalismo, apparteneva proprio a quelle classi sociali che Mazzini vuol considerare di molto superiori ai grandi capitalisti o ai grandi proprietari terrieri, proprio perché lo sono sul piano *etico-religioso*.

La sua idea di capitalismo assomiglia molto a quella che si aveva all'epoca dei Comuni medievali, o a quella esistente nella fase pre-industriale del capitale; e in ciò egli misconosce la necessità di una certa evoluzione storica dell'economia, basata sul fatto che, dopo essere riuscita a imporre un determinato criterio di vita, la borghesia non ha potuto fare altro che approfondirlo ulteriormente, assoggettando al capitale non solo il lavoro, ma anche qualunque aspetto della vita sociale.

Che Mazzini risenta dell'influenza di Proudhon e dei socialisti utopistici in generale, di tendenza piccolo-borghese, è ben visibile laddove vorrebbe che gli operai partecipassero agli utili dell'impresa capitalistica, vincolando cioè il proprio salario, che tale deve restare, all'andamento dell'azienda presso cui lavorano, alla sua capacità competitiva, al suo andamento in borsa, se quotata. Vorrebbe addirittura una regolamentazione "illuminata" della concorrenza, come al tempo delle corporazioni medievali!

In lui vi è un'ingenuità disarmante quando chiede agli operai di emanciparsi dal giogo del salario "per diventare produttori liberi, padroni della totalità del valore della loro stessa produzione". Com'è possibile infatti chiedere questo senza alcuna rivoluzione sociale e politica? Come si può sostenere, da un lato, che "base della proprietà sono i frutti del lavoro" e, dall'altro, che la proprietà è un principio intangibile? Che senso ha prendere a prestito dal socialismo talune idee anti-borghesi, per poi svolgerle in senso anti-socialista? È tutta qui la lungimiranza politica e la profondità etica del nostro "padre della patria"?

D'altra parte che Mazzini sia un anti-socialista è lui stesso a dirlo proprio quando parla della questione operaia. Oggi nessun governo democratico si sarebbe sognato d'incarcerarlo o di esiliarlo. Così scrive: il socialismo è gestito da leader politici "trascinati da soverchio amore di sistema" (cioè da dogmatismo teorico o schematismo nell'azione), da "vanità individuale, che sotto nome di socialismo propongono dottrine esclusive, esagerate, avverse spesso alla ricchezza già conquistata dalle altre classi ed economicamente impossibili" (quindi in sostanza questi sarebbero dei leader affetti da "invidia" del benessere altrui). Essi "spaventano la moltitudine dei piccoli borghesi". Ovviamente Mazzini non dice nulla dello "spavento" che provano questi ceti quando, in occasione di gravi crisi sociali del capitale, temono di finire nelle file del proletariato.

E così prosegue: i suddetti leader socialisti "suscitano diffidenza fra ordine e ordine di cittadini": in che senso però non lo spiega. Sono forse contrari alla mediazione in quanto tale tra le classi antagonistiche, oppure la rifiutano quando i proletari non hanno nulla da guadagnarci? Non è un po' approssimativo il Mazzini? Non è un po' troppo generico? Conosce davvero il socialismo o lo sta paragonando all'anarchia? all'estremismo infantile? Davvero si possono incolpare i socialisti se i governi borghesi, messi con le spalle al muro, preferiscono appoggiare soluzioni autoritarie?

Nella sua analisi superficiale, Mazzini mette nello stesso cesto frutti sociali caratterizzati da un'ampia diversità, come "Sansimonismo, Fourierismo, Comunismo...". "Fondati quasi tutti sopra idee buone in sé e accettate da quanti appartengono alla Fede del Progresso, le guastavano o le cancellavano coi mezzi di applicazione che proponevano falsi o tirannici". Cioè, fintantoché il socialismo è favorevole all'industrializzazione, bene, ma guai a mandarlo al potere, poiché si trasforma subito in una dittatura! Infatti la proprietà è sacra e va difesa con ogni mezzo. Piuttosto che dare la proprietà a tutti, requisendo per esempio quella latifondistica, Mazzini preferiva elargire istruzione generale, obbligatoria e gratuita, pagata con le tasse dello Stato democratico-repubblicano; un'educazione-istruzione più che altro "nazionale", che non valorizzasse tanto le tradizioni locali, quanto piuttosto "le tradizioni dei nostri Padri", "le vite dei nostri Grandi", "La conoscenza geografica della nostra Terra" (così in "Questione sociale"[5]).

Ecco quindi perché teme i socialisti al potere: loro "violano tutta la Legge del Progresso" e non capiscono che la proprietà privata fa parte degli *istinti naturali del genere umano*, così come la religione, la libertà, l'associazionismo. Gli uomini son fatti per trasformare le cose, ma senza proprietà privata non riescono a farlo, anzi non vogliono farlo, poiché non si sentono incentivati a migliorare se stessi.

"Proprietà socialista", per Mazzini, vuol dire solo una cosa: "proprietà statale". Quindi per lui la proprietà privata è sacra: l'unica differenza tra quella della grande borghesia e quella piccoloborghese sta nel fatto che quest'ultima pretende che l'altra venga ridimensionata, trasformata a vantaggio dei più, certamente non abolita. "La proprietà è oggi mal costituita, perché le basi del riparto attuale stanno generalmente nella conquista, nella violenza con la quale, in tempi lontani da noi, certi popoli e certe classi invadenti s'impossessarono delle terre e dei frutti di un lavoro non concepito

---

[5] "La Roma del Popolo", nn. 40-41-42.

da essi". In altre parole la proprietà è mal posta perché non fondata "sopra una giusta eguaglianza proporzionata al lavoro stesso"; essa tende "ad essere monopolio di pochi e inaccessibile ai più"; sicché anche le tasse e i tributi sono iniqui, in quanto soprattutto a carico delle classi povere.

Quindi cosa chiede il politico Mazzini? Semplicemente che la grande borghesia permetta a quella piccola di esistere dignitosamente, di svilupparsi come vorrebbe a favore del progresso dell'intera società. Chiede senso di responsabilità agli sfruttatori! Giustamente dice che la proprietà non può essere ereditata come frutto di conquiste precedenti, e difesa a prescindere dal lavoro, e usata contro il lavoro altrui, il quale vorrebbe, per suo conto, acquisire una certa proprietà. La piccola-borghesia chiede alla grande di poter avere una fetta della torta del capitale, in quanto non può più accontentarsi delle briciole. In tale rivendicazione è pacifico ch'essa non voglia l'abolizione della proprietà privata: vuole soltanto uno spazio libero di manovra, un'agibilità operativa per poter accedere ai beni che danno agi e comodità, che fanno il Progresso (scritto sempre da Mazzini con la P maiuscola).

I socialisti vengono paragonati "al selvaggio che per cogliere il frutto troncava l'albero". Lo dice senza rendersi conto che mai nessun selvaggio si è comportato in maniera così assurda, tanto più che la dipendenza dalla natura era avvertita come totale.

L'importante, per lui, è rassicurare la grande borghesia. Infatti si tratta soltanto di realizzare un ottimo compromesso sociale, che farà bene a tutta la classe borghese, sia essa grande o piccola, unita in nome dell'anti-socialismo.

Che tristezza questo Mazzini! Che povertà di pensiero! Di che proprietà parla quando scrive che "non bisogna abolire la proprietà perché oggi è di pochi; bisogna aprire la via perché i molti possano acquistarla... facendo sì che nell'avvenire solo il lavoro possa produrla". Evidentemente aveva qui intenzione di riferirsi alla proprietà piccolo-borghese, che lui dice *frutto del proprio lavoro*. Ecco quindi il futuro ch'egli si prospetta: tutti devono poter diventare dei piccolo-borghesi, strettamente attaccati alla loro proprietà privata, frutto del loro lavoro. L'associazionismo viene dopo; qui s'impone anzitutto l'individualismo; le associazioni servono soltanto per garantire meglio l'esercizio dell'interesse privato.

Mazzini usa il concetto di lavoro come potrebbe fare un socialista, ma con una finalità completamente borghese, seppure in competizione con la proprietà che la grande borghesia ha acquisito con la violenza o in nome di questa l'ha ereditata. Come se la ricchezza della piccola-borghesia non contenesse già in sé il germe di quella violenza tipica di ogni affare commerciale basato sul denaro! Quella violenza che non può prescindere dalla truffa, dall'inganno, dalla speculazione, dall'ignoranza, da parte del consumatore, circa la provenienza di una determinata merce o circa i criteri e le modalità con cui è stata prodotta. Come se la differenza sostanziale tra piccola e grande borghesia non stia unicamente nel fatto che quest'ultima sfrutta molta manodopera salariata usando le macchine! Stando le cose in questi termini, Mazzini finisce, a sua insaputa, col descrivere le cose come se la vera classe sociale a nutrire, in definitiva, sentimenti d'invidia sia proprio la piccola-borghesia! Il resto, delle sue proposte operative per risolvere l'antagonismo sociale, non è che una sorta di corollario.

*

Vediamo ora questi corollari.

1. Aumentare i salari degli operai (quindi non abolirli!).

2. Diminuire le tasse per permettere alla piccola borghesia di avviare delle attività produttive.

3. Sopprimere i privilegi politici concessi alla grande proprietà (relativamente al diritto di voto, che ai suoi tempi era ancora basato sul censo).

Questo dovrebbe bastare per chi vuole la democrazia. Se invece si chiede l'abolizione della proprietà privata - su questo Mazzini insiste molto -, si farà "un'ingiustizia verso chi l'ha conquistata col proprio lavoro"; di conseguenza la produzione calerebbe, poiché senza proprietà non vi è stimolo al progresso.

Come si può notare, questo è un autentico mantra nella sua teoria economica. Chi chiede la fine di questa proprietà borghese, della religione che le fa da supporto, del governo che la tutela, dello Stato che la legittima, non vuole altro che l'anarchia, e questo, per lui, sarebbe un "procedere di fanciulli o di barbari".[6] L'individuo verrebbe lasciato solo coi suoi diritti.

Pur potendone, in questo caso, fare a meno, Mazzini si premura anche di distinguere tra anarchia e socialismo, ma soltanto per dire che uno non è che la variante dell'altro. Infatti, quando parla di socialismo, lo condanna non perché, ovviamente, troppo individualistico, ma perché, pur volendo le stesse cose dell'anarchia, lo è troppo poco, in quanto vuol gestire la transizione concentrando tutto nelle mani dello Stato. Il quale sarebbe padrone di tutti i mezzi produttivi, assegnando a ciascuno il suo lavoro e una determinata retribuzione. "Questa sarebbe vita di castori - obietta Mazzini -, non di uomini. La libertà, la dignità, la coscienza dell'individuo spariscono in un ordinamento di macchine produttrici. La vita fisica può esservi soddisfatta; la vita morale, la vita intellettuale sono cancellate, e con esse l'emulazione, la libera scelta del lavoro, la libera associazione, gli stimoli a produrre, le gioie della proprietà...".

È molto strano che Mazzini parli così. Si vantava d'essere un politico europeo, di avere una coscienza sovranazionale dei problemi politici; aveva partecipato, inizialmente, alla Prima Internazionale socialista; non poteva non conoscere adeguatamente le ideologie anarchiche e socialcomunistiche. Eppure qui ne parla come se ne fosse del tutto ignaro. Non solo non capisce nulla dell'anarchia, che non è affatto un'ideologia politica individualistica, ma neppure nulla del socialismo, il quale considera utile lo Stato soltanto fino a quando esiste una resistenza interna, attiva, intenzionata a prendersi la rivincita da parte della borghesia. Il socialismo, almeno quello teorico dei classici del marxismo, vuole l'estinzione progressiva dello Stato a tutto vantaggio della società civile, che deve imparare ad autogestirsi, senza essere guidata dall'alto. L'unica vera differenza tra anarchia e socialismo sta nell'utilizzo dello Stato nella fase iniziale della transizione. Quel che temono gli anarchici è la nascita di una nuova dittatura e fino ad oggi non è che abbiano avuto molti torti.

---

[6] Mazzini mette sullo stesso piano i "fanciulli" coi "barbari", senza rendersi conto che proprio a queste due categorie sociali il concetto di "proprietà privata", tutelata giuridicamente, risulta piuttosto estraneo. Questo per dire che Mazzini non ha mai ben capito la differenza tra "proprietà privata" e "proprietà personale".

Noi comunque siamo propensi a ritenere che Mazzini conoscesse sufficientemente le teorie del socialismo e che egli qui voglia stravolgerne i contenuti politici soltanto per rendere più convincente la propria posizione. Lo dimostra il fatto che l'intero capitolo, più che una critica della grande borghesia, ambisce a negare qualunque valore proprio alle idee del socialismo, che ritiene più pericolose di quelle dell'anarchia, a causa del ruolo attribuito allo Stato.

Ma soprattutto lo dimostra il fatto che è sul concetto di "uguaglianza" che più s'incaponisce la sua critica contro il socialismo. Ritiene infatti impossibile stabilire l'uguaglianza nella distribuzione del lavoro, poiché è convinto che non possa essere calcolata un'ora di lavoro sulla base della durata o della sua tipologia. Questo è un grave errore interpretativo, poiché se, agli albori del capitale, non si fosse potuta calcolare un'ora di lavoro, il capitalismo non sarebbe mai nato e, con esso, l'economia come teoria matematica e finanziaria. Semmai è sulla metodologia del calcolo che il marxismo si differenzia dall'economia politica liberale, in quanto, tenendo conto del *lavoro astratto*, socialmente (non individualmente) necessario, si può calcolare anche il *plusvalore*: cosa che i capitalisti non fanno o fingono di non fare, per non dover rendere conto che di quell'ora di lavoro una buona parte non viene pagata.

Che poi sul mercato esista una certa differenza tra il valore di una merce e il suo prezzo, questo è un problema successivo a quello del calcolo di un'ora effettiva di lavoro. E in ogni caso la necessità di calcolare ogni ora di lavoro fa parte delle esigenze del capitale, non è un obiettivo della società socialista, che ha come motto principale quello che tutti conoscono: "da ognuno secondo le sue capacità a ognuno secondo i suoi bisogni", con cui non ha senso prevedere un vero e proprio calcolo quantitativo. Cosa che invece il Mazzini vorrebbe, in quanto intende sempre, sistematicamente, associare il reddito a ogni specifica tipologia di lavoro.

Pertanto anche la seconda critica ch'egli fa al socialismo non ha alcun senso, là dove parla dell'impossibilità di ripartire equamente i prodotti. Secondo lui, poiché la natura ci fa irriducibilmente diversi, ogni forma di uguaglianza è impossibile. Non solo sono differenti i bisogni, ma anche le forze e le capacità lavorative.

Così dicendo, Mazzini non si rende conto che se si punta

sulle *qualità* ottenute da madre natura, non solo non sarà possibile ottenere alcuna uguaglianza, ma si offrirà un pretesto fondamentale per lo sviluppo di tutte le disuguaglianze sociali. Per lui la società è soltanto la somma di tanti individui singoli. Non vede la sostanza o la natura di un collettivo autenticamente democratico, se non quello dell'Associazione, volto a soddisfare interessi privati. E questo lo porta a concepire lo Stato come tutti i borghesi del suo tempo: uno strumento al servizio di esigenze puramente individuali, in cui l'essere sociale, la società civile non è che la somma di singoli cittadini. Cioè non solo non vuole uno Stato che "realizzi" il socialismo (e su questo gli si può dar ragione), ma non vuole neppure che le esigenze della società civile abbiano una priorità su quelle degli individui che vogliono far fruttare la loro proprietà privata. Qualunque *controllo sociale della produzione* è, per lui, una forma di schiavitù. Ecco perché vede i leader socialisti come sacerdoti di uno Stato totalitario. Cosa che, se anche fosse - come in effetti è accaduto nelle tante esperienze realizzate di socialismo amministrato dall'alto -, non si potrebbe certo imputarla al marxismo, il quale stigmatizzava esperienze del genere già nel *Manifesto* del 1848.

È stato forse lungimirante il Mazzini a prevedere la barbarie del cosiddetto "socialismo reale"? Glielo si può concedere, ma a sua insaputa. Infatti l'alternativa che pone non è certo a favore di un *socialismo democratico e autogestito*. La sua alternativa non è altro che un passo indietro rispetto al capitalismo industriale vero e proprio: un'alternativa che la storia s'è incaricata di dimostrare del tutto irrealizzabile, in quanto destinata a svolgersi a favore del grande capitale.

Mazzini ha il terrore che il comunismo, quando si pone come obiettivo la soddisfazione di bisogni materiali della persona, lo voglia fare negando lo sviluppo di quelli intellettuali e morali, lo sviluppo delle capacità individuali. E non s'accorge che il capitalismo, permettendo lo sviluppo di tali capacità solo a una ristretta cerchia di persone, quelle che dispongono di un certo capitale di partenza, o almeno di una specifica competenza maturata in anni e anni di studio o di apprendistato lavorativo, resta del tutto indifferente alle sorti di chi non dispone di risorse in proprio. Su questo Mazzini non è stato per nulla lungimirante, anche se lo sviluppo del capitalismo di fine Ottocento parlava chiaro: i tempi in cui egli è vissuto erano già sufficientemente maturi per capirlo con relativa facilità. In fondo il marxismo è nato in un contesto in cui queste cose i socialisti riformisti dell'area anglo-francese le avevano capite da un pezzo.

Indubbiamente Marx fece delle analisi economiche molto più avanzate, ma la differenza fondamentale tra lui e i socialisti utopistici stava soltanto nel fatto ch'egli non si faceva illusioni sulla capacità auto-riformatrice del capitalismo o sulla volontà interclassista degli Stati borghesi. Sapeva bene che per gli operai la situazione, senza mettere in atto una rivoluzione politica vera e propria, poteva soltanto peggiorare.[7]

Il lato più conservatore di Mazzini viene fuori quando considera assurdo chiedere miglioramenti retributivi senza permettere al capitale di espandersi. Non vede alcun fine positivo nella lotta di classe. Gli aumenti salariali preferisce demandarli alla "buona volontà" degli imprenditori, alla loro "coscienza altruista". Non capisce che l'aumento dei prezzi delle merci è indipendente dall'aumento dei salari, né che il regime di concorrenza tra i capitalisti induce a peggiorare le condizioni di vita degli operai, e neppure riesce a intuire che la possibilità di avere alti salari è connessa alla possibilità, per l'imprenditore, di fruire di un ampio margine di plusvalore, dovuto a molteplici fattori (p.es. l'appetibilità di una merce da parte dei consumatori, ma anche il rapporto iniquo tra madrepatria e colonia, di cui Mazzini ignora del tutto l'esistenza, non parlandone mai).

Che Mazzini sia profondamente borghese lo si evince chiaramente dalla soluzione finale che propone allo sfruttamento dei salariati: "il rimedio alle vostre condizioni è l'unione del capitale e del lavoro nelle stesse mani". Ci può essere una soluzione più inverosimile di questa? Possono stare insieme qualcosa che sfrutta il lavoro altrui e qualcosa che si lascia sfruttare proprio perché non ha capitali? Invece di chiedere agli operai d'impegnarsi di più nella

---

[7] Sarà poi Lenin a dimostrare che se la situazione economica degli operai non peggiorava nell'Europa occidentale, ciò era dovuto ai grandi benefici che procurava a quest'area geografica l'imperialismo coloniale; quei benefici che tendevano non solo a imborghesire la classe operaia ma anche a rendere opportunistici e revisionistici i suoi rappresentanti politici e sindacali.

lotta di classe, li invita a diventare dei piccolo-borghesi. Mazzini infatti sa bene che il capitale vive sulle spalle degli operai, e però non vuole schierarsi coi perdenti: lui, nel suo piccolo, vuole essere un vincente!

È proprio a partire da questo punto che inizia il suo elogio sperticato di quei paesi che hanno adottato l'economia piccolo-borghese, senza sconfinare mai nel socialismo. Nel cantone di Zurigo, nell'Engadina (sempre in Svizzera), in Norvegia, nelle Fiandre, nella Frisia orientale (una regione costiera del nord-ovest della Bassa Sassonia), nell'Holstein (parte meridionale dello Stato federale tedesco Schleswig-Holstein), nel Palatinato germanico (oggi incluso nella Renania-Palatinato, situata nella parte sud-occidentale della Germania), nel Belgio, nell'isola di Guernsey sulle coste inglesi (in realtà posta davanti al golfo francese di Saint-Malo)... Sembra che Mazzini conosca tutta Europa. Qui egli avrebbe individuato gli agricoltori proprietari della loro terra: "terra, capitale e lavoro sono congiunti in un solo individuo".

In pratica sta dicendo agli operai di prendere come esempio di realizzazione dell'unità di capitale e lavoro, ovvero di produzione e consumo, quella grande massa di agricoltori che, in varie parti d'Europa, produce per il mercato, cioè gli agrari capitalisti! I contadini servi della gleba, i mezzadri, i salariati agricoli neppure li vede. Anche quando, seppur molto raramente, parla di agricoltura, vede solo quella finalizzata al mercato. L'autoconsumo non gli interessa. E se esiste cooperazione, questa deve svolgersi entro il perimetro del capitalismo. Al massimo gli interessa l'idea, in sé giustissima, che tra produttore e consumatore la filiera dev'essere molto corta, saltando il più possibile gli intermediari, al fine di contenere il prezzo dei beni.

Sta insomma chiedendo agli operai, che sono nullatenenti per definizione, di associarsi per diventare dei liberi produttori! Anche qui, come altrove, si fa fatica a capire se davvero Mazzini peccasse d'ingenuità o fosse in malafede. Il confine tra i due limiti sembra essere molto tenue.[8]

---

[8] Operai e artigiani associati tra loro, al fine di allestire una piccola attività imprenditoriale, del tutto autogestita e finalizzata al mercato, in Italia hanno cominciato a emergere nel corso del boom economico degli anni 1950-60. Questo perché è solo nelle fasi di forte ascesa del capitale che si possono rischiare ini-

Egli vuole associazioni di lavoratori libere e volontarie, in grado di autofinanziarsi (senza aiuti esterni), in grado di ripartire le entrate in proporzione al lavoro compiuto e al valore di ogni specifico lavoro. Vuole premiare il merito di lavoratori capaci, intelligenti, disposti a investire e a rischiare del proprio. Sembrano, queste, le parole dette da un socialista l'indomani della rivoluzione politica, quando ancora si deve redistribuire il reddito sulla base del lavoro e non sulla base dei bisogni.

Certo, uno può pensare che queste parole non possono essere dette da un socialista, in quanto si parla di *autoproduzione*, senza dover rendere conto alle esigenze delle pianificazioni statali. In realtà è proprio questo il socialismo democratico che si dovrebbe realizzare, quello per cui lo Stato, di fronte all'emergere spontaneo della società civile, si mette in disparte e diventa sempre più piccolo. Un'autoproduzione, gestita da una comunità locale, che ha come principale fine quello di soddisfare bisogni autentici, non sarebbe forse compatibile al 100% con l'idea di un socialismo democratico? Cosa c'è quindi che non va nel discorso di Mazzini? Semplicemente un fatto: che una proposta del genere non ha alcuna possibilità di realizzarsi se prima non si fa la *rivoluzione politica*. Mazzini è contrario a tale rivoluzione poiché la fa coincidere, *sic et simpliciter*, con l'edificazione di uno Stato autoritario.

È vero, se guardiamo le cose col senno del poi, dobbiamo dire che la storia non gli ha dato torto, ma, se per questo, neppure gli operai gli hanno mai dato ragione. Le libere associazioni di cui lui parla, se sono di tipo produttivo, assomigliano a quelle che mettevano in piedi i socialisti utopistici dell'Ottocento; se invece sono basate soltanto sul consumo, non possono andare al di là del concetto di "cooperazione borghese", un concetto che non intacca minimamente la produzione capitalistica; anzi, in un certo senso la

---

ziative del genere. Ma è raro che queste realtà riescano a svilupparsi in maniera progressiva, meno che mai di fronte a dei mercati che tendono a mondializzarsi, ove s'impongono i competitori più agguerriti, con ampie disponibilità finanziarie o alte capacità d'ingegno intellettuale. Il destino delle autonome imprese artigiane e operaie è quello di far parte dell'indotto di complessi industriali di ben altre dimensioni, e naturalmente di soccombere quando sopraggiungono gravi crisi cicliche del sistema economico. E comunque non è certamente in questa maniera che si risolve l'anomalia della condizione salariata, poiché queste stesse imprese, per sopravvivere, sono spesso costrette a sfruttare il lavoro altrui.

agevola, poiché attutisce l'asprezza delle sue insanabili contraddizioni.

La cooperazione (p.es. quella in campo alimentare o edilizio) fa illudere i cittadini e i lavoratori che sia possibile realizzare un "capitalismo dal volto umano". In realtà l'unica cooperazione sensata, per i lavoratori che non dispongono di nulla, se non della loro forza-lavoro intellettuale e manuale, è quella sindacale e quella partitica, le quali appunto servono, rispettivamente, per migliorare le condizioni lavorative e per rovesciare il sistema. Tutte le altre forme di cooperazione o di associazionismo, se non si pongono questo obiettivo, contribuiscono soltanto a farlo dimenticare.

Mazzini dice di non volere un ritorno alle corporazioni medievali, poiché, per lui, altro non erano che una forma d'intollerabile monopolio, ove il produttore dominava il consumatore, ove non si favoriva né la competizione né lo sviluppo delle innovazioni tecnologiche. In effetti le corporazioni erano diventate un laccio insopportabile per lo sviluppo del capitalismo, esattamente come il servaggio nelle campagne. Ma all'inizio servivano proprio per tenere sotto controllo la produzione borghese, per impedire cioè che, lasciandola libera a se stessa, sfuggisse completamente di mano alle istituzioni. Si voleva autoregolamentare un'attività economica che indubbiamente era fonte di cospicui guadagni.

Le corporazioni di arti e mestieri cominciarono a rivelarsi un freno insopportabile e, se vogliamo, un'intollerabile abuso quando si divisero in Maggiori e Minori, ovvero quando solo le Maggiori volevano riservarsi un uso privilegiato del potere politico e non ammettevano la formazione di nuove corporazioni; in particolare furono proprio tali corporazioni a sottomettere tutta la produzione agricola alle esigenze urbane e a imporre prezzi di monopolio.

Mazzini non vuole un ritorno alle corporazioni dei Comuni e delle Signorie e, tanto meno, un ritorno all'autoconsumo e al baratto dell'alto Medioevo, né vuole una rivoluzione socialista, da lui ritenuta una sciagura sotto ogni punto di vista. Vede con un certo scetticismo lo sviluppo del moderno capitalismo industriale, in quanto teme che finisca col fagocitare qualunque tipo di attività, anche perché per lui il capitalista tende, dopo aver accumulato ingenti capitali, a "ritirarsi dall'arena del lavoro", a diventare "improvvido, avventato o incapace".

Dunque cosa vuole Mazzini? Vuole un'associazione produttiva e di consumo, composta di elementi prevalentemente piccoloborghesi, liberi di aderirvi, retribuiti per il lavoro effettivamente prestato (analizzato sul piano sia qualitativo che quantitativo); in sostanza dei lavoratori uguali nella facoltà di scegliere i loro amministratori delegati (soggetti ovviamente a revoca), obbligati a una indivisibilità del capitale collettivo, e con altre caratteristiche che al giorno d'oggi troviamo nelle varie tipologie di società commerciali (Società in nome collettivo, Società in accomandita semplice oppure per azioni, Società a responsabilità limitata, Società per azioni, Società cooperativa): tutte associazioni borghesi aventi più o meno scopo di lucro o di affari o mutualistico.

Ebbene, lungi da noi fare un torto a un politico seguace di Smith e Ricardo, come il Mazzini, che prospetta soluzioni borghesi per potersi fare largo in un mercato dominato sempre più dal capitale industriale dei grandi imprenditori e da quello finanziario delle grandi banche. Quello che qui non si riesce ad accettare è l'idea di proporre la stessa cosa alla classe operaia.

È vero che questa idea viene appena abbozzata, in quanto, non essendosi mai interessato, in maniera specifica, di questione operaia (e tanto meno di questione contadina), è poi costretto ad ammettere che "un lavoro speciale sulle associazioni operaie non entra nell'economia del presente scritto". Ma è anche vero che tale abbozzo possiamo considerarlo sufficiente per capire che Mazzini era un grande imbonitore e che andava considerato pericoloso per la causa del proletariato.

Egli infatti sapeva bene che gli operai non hanno capitali di partenza con cui allestire delle società affaristiche. E tuttavia non può esimersi dal dire che se gli operai vogliono uscire dalla loro condizione di sfruttamento, devono comportarsi come i piccoloborghesi, cioè devono abituarsi allo "spirito di sacrificio", puntando a risparmiare più del necessario, fino a quando saranno in grado di mettersi in proprio. E, se non ce la fanno, possono sempre chiedere dei prestiti ai parenti o agli amici, "i quali diventerebbero semplicemente azionisti nell'associazione e non riceverebbero l'ammontare del loro prestito che sugli utili dell'impresa". Insomma gli operai, per diventare dei piccolo-borghesi, avrebbero dovuto cercarsi dei filantropi, gente disposta a fare prestiti quasi a fondo perduto e che, al massimo, potrebbe ricevere dei piccoli dividendi o delle cedole sulle azioni acquistate, sempre che la società sia in attivo.

Secondo Mazzini esistono già degli esempi in merito, ma nei suoi riferimenti resta piuttosto generico (parla di Inghilterra e Francia). Anzi, quando si riferisce ad esempi concreti, lo fa in maniera negativa. Dice infatti che le "Associazioni operaie che, a Parigi, nel 1848, ebbero, al loro fondarsi, sovvenzioni governative, prosperarono assai meno di quelle che formarono il capitale primitivo col sacrificio". Mazzini, che qui intende riferirsi agli Atelier nazionali, è uno strenuo fautore dell'autofinanziamento, poiché ritiene che solo questo metodo garantisca la libertà d'azione. Proprio non riesce a capire che i lavoratori vengono derubati due volte: con lo sfruttamento privato di chi dispone di capitali o è comunque in grado di procurarseli facilmente, e con lo sfruttamento pubblico da parte dello Stato, che li opprime con tasse e tributi d'ogni genere.

Quanto poi agli Atelier nazionali, essi non fallirono certo perché sovvenzionati dal governo. Quegli organismi avrebbero dovuto occuparsi del problema dell'occupazione, ma, sotto la pressione della borghesia, vennero ridotti a degli uffici di collocamento in grado soltanto di dare assistenza o lavori precari ai disoccupati.[9] Peraltro, dopo aver recluso, sterminato e fucilato migliaia di operai ed estromessi i socialisti dal governo, la borghesia sostituì la Repubblica Sociale con la Seconda Repubblica, imboccando la strada dell'involuzione autoritaria che avrebbe determinato per la seconda volta in Francia l'affermazione del potere personale di un leader indiscusso. Quello fu un esempio eloquente di come, senza rivoluzione politica, qualunque provvedimento para-socialista è destinato prima o poi a fallire, in quanto fortemente ostacolato dall'imprenditoria privata capitalistica, la quale, da un lato, non tollera forme di controllo sul proprio operato e, dall'altro, ama essere sovvenzionata con le tasse dei cittadini.

A dir il vero nell'ultima parte del capitolo, Mazzini, rendendosi forse conto d'essere stato poco credibile nei confronti del movimento operaio, prova a fare una specie d'appello alle forze di go-

---

[9] Marx ne parla con chiarezza in *Le lotte di classe in Francia dal 1848 al 1850*.

verno, nella speranza ch'esse intervengano a tempo debito, prima che le contraddizioni sociali giungano a un punto di non ritorno. Infatti scrive: "gli uomini che le circostanze hanno fornito di ricchezze dovrebbero intendere che la vostra [di voi operai] emancipazione è parte di un disegno della Provvidenza, e che si compirà inevitabilmente o con essi o contro di essi".

Stando le cose in questi termini (peraltro non senza una buona dose di misticismo), sarebbe bene - pensa il Mazzini, rivolgendosi alla loro coscienza cristiana - che i capitalisti facessero tre cose a favore del mondo operaio: 1) anticipare il credito con cui mettere in piedi le libere associazioni; 2) fondare banche che accreditino il lavoro futuro; 3) favorire l'azionariato sociale, in modo che gli operai, acquistando azioni dell'impresa presso cui lavorano, possano beneficiare degli utili realizzati da quest'ultima. Anche in questi casi egli fa riferimento a esperienze già collaudate in Belgio e Scozia.

Che dire di queste proposte? La prima è del tutto utopistica, in quanto dipende unicamente dal "buon cuore" del capitalista, il quale però, mettendola in atto, dovrebbe smettere di fare il proprio mestiere. L'imprenditore infatti ha bisogno di manodopera a basso costo da sfruttare liberamente: se ne favorisse l'indipendenza coi propri crediti, seppur anticipati in cambio di interessi, si darebbe la zappa sui piedi. Questo semmai è un lavoro che fanno le banche, per il quale però chiedono in cambio garanzie tali che certamente gli operai non sono in grado di offrire, naturalmente salvo eccezioni.

La terza proposta, relativa alla partecipazione agli utili, è la peggiore in assoluto, in quanto vincola *in toto* l'operaio alla natura capitalistica della propria azienda; essa lo indurrà a rinunciare a qualunque forma di rivendicazione, se gli imprenditori lo convinceranno che in caso contrario verranno compromessi gli utili azionari. Non solo, ma lo illuderà di poter essere "proprietario" di qualcosa d'imprenditoriale, quando, di fatto, continueranno a prendere tutte le decisioni solo gli azionisti con le quote maggioritarie. Peraltro gli utili che si possono ricavare da queste azioni sono sempre vincolati agli andamenti borsistici o quanto meno di mercato, per cui fluttueranno di continuo, essendo caratterizzati da un elevato rischio, tipico di tutte le imprese capitalistiche, dominate come sono da una forte concorrenza; senza poi considerare che i manager di un'azienda, avendo il pieno ed esclusivo controllo della sua amministrazione, possono falsificare i bilanci, frodando gli operai e approfittando proprio degli introiti extra dovuti alla loro partecipazione azionaria.

Non rimane dunque che la seconda proposta, che meriterebbe uno studio specifico. È noto infatti che i governi nazionali, onde evitare abusi di vario tipo (soprattutto per quanto riguarda il monopolio dell'emissione delle banconote), tendono a preferire la costituzione di Banche centrali dello Stato, o comunque poste sotto il diretto controllo pubblico.[10] Oggi le banche locali, in Italia, appartengono al Credito cooperativo e alle Casse rurali, ma sono del tutto insufficienti a soddisfare le esigenze dell'imprenditoria.

Curiosamente però, dopo aver detto che gli operai, se vogliono associarsi, mettendosi in proprio, devono confidare soltanto in se stessi, Mazzini sostiene una cosa opposta, forse rendendosi conto d'aver forzato la mano nel proprio ottimismo di maniera. Infatti dice - senza però spiegarne la ragione - che "lo Stato, il governo... ha debito solenne verso di voi [operai]". Dopodiché aggiunge che tale debito potrà essere rifondato quando esisterà un vero "Governo Nazionale", cioè un "Governo di Popolo libero e uno".

Qui però qualcosa non quadra. Fino adesso Mazzini ha sempre parlato male dello Stato, vedendolo come una forma d'indebita ingerenza nelle maglie della società; ora invece lo esalta, arrivando persino a dire che "una vasta serie di aiuti potrà scendere dal Governo al Popolo", al fine di risolvere il *problema sociale*, senza spogliare nessuno, senza violenze, senza manomettere la ricchezza acquistata anteriormente dai cittadini, senza suscitare quell'antagonismo tra classe e classe che è ingiusto, immorale, fatale alla Nazione...".

Dunque cerchiamo di capire. Quale tipologia di Stato critica il Mazzini? E quale tipologia alternativa sta prefigurando? Qui infatti è evidente ch'egli non ha alcuna intenzione di perorare la causa del socialismo. Gli fa orrore uno Stato usato dal proletariato

---

[10] Antesignana tra le banche orientate verso il credito a sostegno delle attività produttive fu la Società generale del Credito Mobiliare, fondata a Parigi nel 1852 per influsso delle idee di Saint-Simon, ma essa crollò nel 1867. Anche quello italiano durò molto poco: dal 1872 al 1894.

per reprimere la borghesia, per requisire la proprietà privata dei mezzi produttivi. Eppure sostiene che dal futuro Stato democratico trarrà beneficio lo stesso proletariato. In che senso lo dice? Mazzini sa bene che gli Stati nazionali non stanno dalla parte del popolo, ma solo dei grandi possidenti di terre e capitali. In quanto ideologo della piccola-borghesia sa bene che Stati del genere non sono favorevoli a una ricchezza generale, a un benessere diffuso, a un progresso nazionale.

Dunque, la domanda che ci si pone è la seguente: per quale ragione un futuro Stato a favore della piccola-borghesia sarà anche favorevole al proletariato? Per quale ragione uno Stato politicamente più democratico sarà anche economicamente più giusto? Quando mai s'è visto uno Stato lottare contro le disuguaglianze sociali? Quando mai s'è visto farlo spontaneamente, senza le pressioni delle masse popolari? Un "Governo di Popolo libero e uno" o è un governo socialista, che favorisce le autonomie locali e le imprese autogestite, facendo in modo che lo Stato tenda progressivamente a scomparire, oppure è solo un altro sofisma della piccola-borghesia, che vuol far credere, proprio perché "piccola", di sentirsi vicina alle esigenze del proletariato. Siccome però Mazzini vuol far vedere d'essere serio e pienamente convinto di ciò che scrive, vediamo quali proposte concrete offre alla classe operaia.

"Istituzione di magazzini o luoghi di deposito pubblici, dai quali, accertato il valore approssimativo delle merci consegnate, si rilascerebbe alle Associazioni un documento o buono simile a un biglietto bancario, ammesso alla circolazione e allo sconto, tanto da rendere capace l'Associazione di poter continuare nei suoi lavori e di non essere strozzata dalla necessità di una vendita immediata e a ogni patto".

Il problema di questa proposta è uno solo: chi accerta il "valore approssimativo delle merci consegnate"? Un funzionario statale? Chi garantisce che darà una valutazione sufficientemente obiettiva? E per quale motivo i prodotti di questa Associazione dovrebbero essere sottratti alla dinamica del mercato? Se deve essere un funzionario statale o un "agente governativo", come lui lo chiama, non si sta forse facendo rientrare dalla porta ciò che si era buttato dalla finestra? Per il futuro dell'Italia Mazzini s'immagina uno Stato ultra democratico, che si porrà al servizio di tutte le Associazioni, incluse quelle degli operai che vogliono mettersi in proprio. Ma così non si sta forse parlando di un'ingerenza dello Stato nell'economia? Siamo forse qui in presenza di un abbozzo di "Stato sociale"? Davvero una borghesia trionfante permetterebbe dei privilegi del genere? Non era stato forse Mazzini a criticare gli Atelier nazionali francesi? E non sono stati forse questi Atelier a beneficiare di particolari attenzioni da parte del governo in carica, composto per buona parte di ministri socialisti? E non furono essi chiusi proprio perché la grande borghesia non voleva avere concorrenti di questo tipo? Ciò che dice Mazzini come potrebbe essere possibile in assenza di una rivoluzione socialista già compiuta sul terreno politico? In ogni caso, può lo Stato appaltare i propri lavori pubblici a delle Associazioni senza ricorrere ad alcuna gara o asta o bando?

Le altre proposte sembrano più fattibili, proprio perché utili alla stessa borghesia: "semplificazione delle forme giudiziarie", per non rendere i processi lunghi e costosi; "facilità legislative date alla mobilizzazione della proprietà fondiaria"[11]; "sostituzione di un solo tributo sul reddito all'attuale complesso, dispendioso sistema di tributi diretti e indiretti" (sempre che ciò ovviamente sia proporzionale al reddito); "il tributo non può cominciare che dove il reddito supera la cifra di denaro necessaria alla vita". Parole sacrosante, queste, se davvero i governi fossero interessati a metterle in pratica.

Il suo, però, sembra essere un libro dei sogni. In realtà il decollo del capitalismo industriale, in Italia (ma anche in tutti gli altri paesi europei), fu un'autentica tragedia, soprattutto per i contadini, poi per gli operai e per tutto il Mezzogiorno, trasformato in una gigantesca colonia interna. La grande borghesia non metterà in pratica nessuna delle sue proposte. Ci vorranno anzi altre due guerre

---

[11] Cosa intenda per "mobilizzazione" è poco chiaro, poiché solo più avanti parla di "incameramento o appropriazione di possedimenti ecclesiastici", che generalmente sono poco produttivi. È probabile che intendesse una facilitazione nella compravendita delle terre appartenenti alla nobiltà, onde evitare terreni incolti o abbandonati; di sicuro non intende una riforma agraria contro i latifondi, al fine di favorire le singole famiglie contadine. Le altre terre da sfruttare, di cui parla, sono quelle spettanti ai Comuni e quelle che lo Stato dovrebbe incamerare in virtù di successioni oltre il quarto grado di parentela.

mondiali prima di vederne qualcuna sul tappeto, e lo si farà soltanto per impedire che le realizzazioni compiute nel pur controverso e cosiddetto "socialismo reale" non avessero influenze perniciose sul movimento operaio e contadino nazionale ed euro-occidentale.

Persino quando parla del *Fondo nazionale di credito* "da distribuirsi con un interesse dell'uno e mezzo o del due per cento alle Associazioni operaie volontarie", non può neppure immaginare che una cosa del genere verrà fatta dai socialisti a fine Ottocento in piena autonomia, senza alcun intervento da parte dello Stato. Anzi i governi in carica, di destra e di sinistra, erano ben contenti di vedere che, grazie ai socialisti (e poi anche ai cattolici), potevano risparmiarsi di elargire ingenti capitali per affrontare i problemi sociali, previdenziali e assicurativi dei lavoratori.

Dire poi che "la distribuzione di quel credito dovrebbe farsi non dal governo né da un Banco Nazionale Centrale, ma... da Banchi locali amministrati da Consigli Comunali elettivi", fa specie da parte di un politico abituato a pensare in termini centralistici e costantemente ostile a qualunque ipotesi di Stato federale.

*

Il capitolo dedicato all'economia finisce qui. La "Conchiusione" - come lui la chiama - è una specie di "sotto-manifesto" all'insegna dell'anti-comunismo. Qui Mazzini equipara gli atei a dei cinici, a degli opportunisti privi di valori, non disposti al sacrificio e poco avvezzi alla religione del dovere. Detesta gli operai comunisti perché li vede interessati a soddisfare soltanto le loro esigenze materiali, e fa l'esempio del colpo di stato del 2 dicembre 1851, quando essi - a suo dire - vi rimasero indifferenti, convinti che le promesse fatte loro da chi fece quel golpe sarebbero state mantenute. "Oggi lamentano perduta la libertà senza aver conquistato il benessere".

La rivoluzione, per lui, "non è che un'illusione di egoisti spronati dalla vendetta" (questo il suo modo di vedere gli operai di idee socialiste e ovviamente gli intellettuali che li indottrinano con "la vanità dei loro sistemi"). La rivoluzione "è un'opera religiosa", che può compiere soltanto chi ha fede, culto del vero, vita d'apostolo.

Mazzini esclude categoricamente che "il sistema d'associazione" possa sostituire quello del salario, se gli operai non saranno in grado d'inquadrare le loro Associazioni nell'ambito di un mercato capitalistico. Gli operai cioè devono mostrare d'essere in grado di far progredire la società (come se già non lo facessero lavorando nelle aziende capitalistiche!). E, a tale scopo, devono dimostrare di possedere "onestà, amore reciproco, facoltà di sacrificio, affetto al lavoro".

Anche solo da queste poche parole si evince chiaramente che Mazzini non ebbe mai alcun rapporto con la classe operaia (oltre che nessuno con quella contadina). Anzi, a ben guardare, tutte queste cose, messe insieme, non si trovano neppure nella borghesia, poiché là dove c'è onestà non c'è ricchezza, là dove c'è amore reciproco non c'è competizione, là dove c'è affetto al lavoro c'è anche sfruttamento del lavoro altrui, e là dove c'è volontà di sacrificio è perché in realtà si pensa a vivere di rendita al più presto.

I tre concetti astratti che possiede il politico Mazzini, i quali non vogliono dire nulla in termini di giustizia sociale, sono Tradizione, Progresso e Associazione. Poi, all'interno di questa trilogia misticheggiante, ve ne sono altri tre, ancora più astratti: Famiglia, Nazione e Umanità. Tutti e sei comunque devono basarsi su un principio molto concreto e imprescindibile: quello di *proprietà privata*, l'unica in grado di "manifestare l'attività materiale dell'individuo". L'espressione politica di tale attività è il *diritto di voto*, cioè il suffragio elettorale universale.

È tutta qui l'ideologia politica liberista e repubblicana del Mazzini: "I sogni di comunismo, di abolizione [sottinteso di proprietà privata], di confusione dell'individuo nell'insieme sociale, non furono mai che passeggeri accidenti nella vita del genere umano, visibili in ogni grande crisi individuale e morale, ma incapaci di realtà...". Dunque per lui il socialismo è possibile solo quando vi sono le crisi, quelle gravi, ma se queste vi sono è per colpa delle classi dirigenti, che difendono solo i grandi proprietari di terre e capitali. Il socialismo non è una risposta convincente alle crisi di sistema, poiché, negando la proprietà privata, nega lo sviluppo dell'individuo singolo.

A Mazzini non è mai interessato fare un discorso su che tipo di socialismo realizzare restando nell'ambito della democrazia.

Questo perché ha sempre avuto la percezione di un socialismo nettamente anti-individualistico, come se l'abolizione della proprietà privata (che è una forma di proprietà individualistica per definizione) dovesse comportare la sostituzione dello Stato alla società civile, l'ingerenza dello Stato in qualunque attività sociale, la creazione di una sorta di Leviatano assolutamente dispotico, padrone di tutto.

Comunismo, per lui, vuol dire fine della libertà individuale, odio, da parte dei meno dotati intellettualmente, nei confronti dei più capaci e meritevoli; vuol dire fine del progresso, morte allo sviluppo... Come se tutte queste cose non fossero possibili anche in una società capitalistica!

Teorie economiche ne "La Roma del Popolo"

Le teorie economiche del Mazzini che qui si vogliono prendere in esame sono quelle dell'ultimo periodo della sua vita, inerenti agli articoli pubblicati nella rivista "La Roma del popolo".[12] Generalmente sono testi di tipo anti-socialista, in quanto l'autore temeva la diffusione dell'Internazionale in Italia.

Il primo è quello intitolato "Agli operai italiani" del 13 luglio 1871. In esso afferma che la questione operaia l'ha sempre interessato, anzi l'ha affrontata indirettamente, parlando della situazione politica della penisola: ecco perché non ha alcuna difficoltà a esortare gli operai a stare in guardia dall'Internazionale socialista di Marx ed Engels, invitandoli a non iscriversi.

Egli infatti sostiene che tale Associazione non serve a nulla, avendo una composizione troppo eterogenea sul piano geografico, culturale e politico. Per tenere in piedi delle diversità così forti, deve per forza comportarsi in maniera autoritaria, e non a caso il suo leader principale, Carlo Marx, pur avendo un certo ingegno intellettuale, agisce come un despota. Inoltre l'Associazione non tiene in alcun conto degli interessi nazionali di un paese, avendo in testa soltanto ideali internazionalistici. Infine essa è chiaramente orientata verso l'ateismo: il che, per Mazzini, abituato a ragionare in termini religiosi, seppure all'interno di un involucro laicizzato, costituisce un sicuro indizio di immoralità o di cinico materialismo. Questi i motivi per cui - spiega ancora il Mazzini - i repubblicani fin da principio non vi aderirono. Uno degli effetti più catastrofici di quella Internazionale fu, secondo lui, la Comune di Parigi.

In questo articolo Mazzini parla agli operai come se fosse un papa che chiede agli oppressi di non ribellarsi, di non odiare la loro condizione di schiavitù e di continuare a praticare il sacrificio di se stessi, in nome di un astratto dovere umanitario, per il bene

---

[12] Gli articoli di Mazzini nella rivista in oggetto, uscita negli anni 1870-72, sono stati raccolti in due volumi dello stesso autore, *Scritti: politica ed economia*, ed. Sonzogno, Milano.

comune. Gli interessi materiali degli operai non possono essere superiori a quelli dei capitalisti, proprio perché devono avere delle superiori ragioni etico-religiose da far valere. In ogni caso le forze capitalistiche e agrarie sono troppo forti per essere abbattute con facilità. Il loro potere è vecchio di secoli e ci vorrà molto tempo per abbatterlo, sicché nel presente si possono soltanto porre le basi morali di una futura rivoluzione. Se è solo questione di un interesse contro un altro interesse materiale, le guerre civili diventano inevitabili: ecco perché per scongiurarle ci vuole un ideale comune, pacifico, che anticipi i tempi della fine dell'ingiustizia sociale.

Egli inoltre dà un'immagine dell'Internazionale abbastanza curiosa, in quanto la ritiene responsabile dell'idea che i tanti i Comuni di uno Stato siano più importanti della stessa Nazione. L'affermazione è curiosa proprio perché il marxismo non ha mai sostenuto una cosa del genere, che forse appartiene di più alla tradizione anarchica o socialista utopistica. In tal senso avrebbe fatto meglio a distinguere tra le correnti che appartenevano alla Prima Internazionale. Il marxismo al massimo avrebbe potuto dire che una transizione al socialismo può essere sperimentata in maniera più concreta e costruttiva anzitutto a livello locale, e dunque anche comunale, fatta salva ovviamente la rivoluzione politica che abbatta il sistema capitalistico a livello nazionale. Semmai è stata un'illusione delle suddette tradizioni quella di pensare che i Comuni, presi in sé, possono essere migliori della Nazione in sé. Se fosse possibile considerare i Comuni borghesi del basso Medioevo come migliori per definizione rispetto alla successiva Nazione capitalistica, bisognerebbe dar ragione al Mazzini quando diceva che un ritorno al primato medievale dei Comuni avrebbe fatto rivivere i piccoli egoismi locali e le continue risse civili.

Tuttavia il Mazzini s'illudeva non poco quando pensava che l'egoismo particolaristico dei Comuni borghesi potesse essere indirizzato verso il bene comune da una Nazione di tipo capitalistico. Infatti un primato davvero democratico dei Comuni rispetto alla Nazione ha senso soltanto quando non esiste più alcuna Nazione, che è concetto borghese per eccellenza. Il che significa che nell'ambito di una "Nazione socialista" nessun Comune potrà essere gestito dalla classe borghese, e senza questa classe il concetto stesso di "Nazione" dovrà necessariamente essere superato, in quanto sia il Comune che la Nazione sono prodotti storici della borghesia.

Che Mazzini non abbia le idee chiare in merito lo si capisce anche dalla successione cronologica delle istituzioni che propone: una progressione che va dalla famiglia al Comune e dal Comune alla Nazione (o allo Stato) fino alla Federazione delle Nazioni è del tutto immaginaria e priva di alcun fondamento storico. Infatti il concetto di "famiglia" fa già parte di una determinata società: se patriarcale, di quella feudale; se nucleare, di quella borghese. Semmai la differenza può essere posta tra le comunità di villaggi rurali, in cui la proprietà era comune, e le comunità urbanizzate, in cui la proprietà è gestita con criteri "statalistici" o "privatistici".

Peraltro nell'ambito di un'idea astratta come quella di "Federazione delle Nazioni", è evidente che se queste Nazioni sono di tipo borghese, solo quelle economicamente e militarmente più forti potranno fruire di una posizione egemonica (che è quello che succede nell'attuale Organizzazione delle Nazioni Unite).

L'altro aspetto che nell'analisi di Mazzini va considerato criticamente - e qui bisogna dare ragione agli anarchici - è che è del tutto sbagliato sostenere che l'unità nazionale può essere meglio garantita dal centralismo di un governo che avoca a sé tutti i poteri e che considera le istanze locali territoriali come sue propaggini. L'unità nazionale, se ancora ce ne fosse bisogno, può essere garantita soltanto dal reciproco rispetto delle realtà locali e dalla loro fattiva collaborazione intorno ad esigenze comuni. I concetti di Stato e di Nazione sono sempre stati sommamente astratti (al massimo si può accettare quello di Patria, quando questa si trova a essere dominata da una potenza straniera). Essi infatti presuppongono una uniformità di valori e di stili di vita che è materialmente impossibile.

Le popolazioni, nel pianeta, si spostano di continuo, le idee non sono mai le stesse, gli stili di vita inesorabilmente mutano. È la diversità che va garantita, e non può certo esserlo con una unità forzosa, che inevitabilmente la ridurrebbe ai minimi termini, quelli più facilmente sopportabili o meno fastidiosi per la garanzia del centralismo autoritario. Mazzini, qui, sta ragionando come un teologo cattolico, pur essendo contrario allo Stato della Chiesa.

Tutto questo discorso viene affrontato male dal Mazzini poiché la sua concezione di proprietà privata non solo non ha nulla di socialista, ma non comprende neppure in che modo il socialismo l'intenda. Infatti, se la proprietà fosse soltanto il frutto del proprio lavoro, per quale motivo il socialismo dovrebbe negarla? Il socialismo si limita a negare che i fondamentali mezzi produttivi, quelli che garantiscono la sussistenza di un'intera comunità, possano appartenere a mani private. Come può un intellettuale piccolo-borghese come lui, che predica valori etico-religiosi di alto livello, non condividere un principio così elementare? Per lui proprietà collettiva vuol dire proprietà statale *tout-court*, e quando è in gioco la proprietà personale o individuale, questa può essere anche quella privata dei mezzi produttivi utili a un intero collettivo.

È vero, Mazzini resta contrario alla proprietà che nel passato è stata ottenuta attraverso l'uso della forza o dell'inganno e che poi è stata trasmessa per via ereditaria, ma è anche vero che non pronuncia una sola sillaba per dire che questa proprietà andrebbe requisita o confiscata, soprattutto là dove non produce frutti o là dove arricchisce unicamente il suo proprietario, non chi la lavora come salariato.

Mazzini ha un atteggiamento molto superficiale nei confronti della proprietà privata dei mezzi produttivi. Non si accorge neppure che il suo principio, secondo cui la proprietà va intesa come frutto del lavoro, potrebbe avere un senso solo se tutti partissero allo stesso livello, cioè completamente *privi di proprietà*. Dopo di che ognuno, sulla base delle proprie capacità, sarebbe in diritto di acquisire una proprietà privata, per sé e per la propria famiglia. In caso contrario tutto il suo discorso rischia soltanto di apparire come una solenne buggeratura.

In una società dominata dagli antagonismi sociali, chiunque, quando inizia a lavorare, si scontra con cittadini che *già dispongono di proprietà privata*, anche in quantità molto considerevole, e di sicuro non c'è modo di sottrargliela pacificamente e onestamente, né s'è mai visto che un ricco proprietario si privi spontaneamente del proprio patrimonio. Al massimo è disposto a cedere una piccola parte in beneficenza.

Ma anche l'altro discorso che fa il Mazzini circa il fatto che "chi lavora e produce ha diritto ai frutti del proprio lavoro", è un discorso che va bene, all'interno di un collettivo, sino a un certo punto. Infatti, se esistesse solo il lavoro come criterio per la distribuzione del reddito, quanti ne resterebbero privi? Malati, anziani, bambini, disabili e magari anche quelli che patiscono pregiudizi di tipo sociale, come p.es. gli stranieri, gli ebrei, gli omosessuali; persino alle donne le società maschiliste tendono a negare, in un modo o nell'altro, determinati lavori.

Questo per dire che il lavoro non è *in sé* un criterio sufficiente per indicare la democraticità di un'associazione. Occorre anche vedere su quale tipo di proprietà s'innesta tale lavoro. Là dove esiste una proprietà comune, si è più tolleranti nei confronti di chi non può lavorare, e non si fanno certamente dei calcoli sulle ore impiegate, sullo sforzo profuso, sui risultati ottenuti, ecc.

Predicare valori cristiani e poi sostenere che ognuno "deve avere quanto ha meritato" o che la retribuzione deve essere messa strettamente in rapporto al lavoro che si è profuso, fa soltanto capire che in Mazzini i veri valori erano unicamente quelli *borghesi* e che quelli cristiani li usava più che altro per ottenere un consenso politico.

Infatti più importante del lavoro è il *bisogno*, cioè il modo di soddisfarlo: il lavoro deve servire soltanto per soddisfare esigenze comuni e personali. Pensare al lavoro come a una fonte di arricchimento personale significa porsi al di fuori del *bene comune*. Se l'uguaglianza morale consiste soltanto, sul piano economico, nel garantire la possibilità di una ineguaglianza materiale, dovuta ai diversi modi di lavorare, allora sarebbe meglio dire che la democrazia non può mai esistere, in quanto la natura si è specializzata nel creare ampie forme di diversità.

L'individualismo fondamentalmente borghese di Mazzini appare meno significativo persino rispetto al relativo collettivismo del cristianesimo primitivo, delineato negli *Atti degli apostoli*. Là infatti si chiedeva di mettere in comune le proprie sostanze per soddisfare i bisogni di tutti, qui invece si dà per scontato che una prassi del genere non premia il merito personale e anzi incentiva l'altrui passività.

Quando poi Mazzini afferma che "la proprietà non può diventare monopolio", non porta mai questa affermazione alle sue più logiche conseguenze, ma si limita semplicemente a perorare la causa della piccola borghesia contro la grande, cioè la causa del piccolo egoismo contro il grande. E non è ch'egli possa sottrarsi a questa critica dicendo che comunque l'egoismo sorge da una fondamentale facoltà umana, quella appunto di *lavorare*. La sua visione riduttiva della realtà (e che in teoria dovrebbe considerarsi non solo anti-socialista ma persino anti-cristiana), lo porta a ritenere che il lavoro dell'individuo singolo sia prioritario su tutto e che gli strumenti associativi di cui può disporre o vuole dotarsi sono soltanto *artifici* per meglio soddisfare esigenze puramente individuali. L'unica sua vera preoccupazione è che questo individuo singolo riesca ad arricchirsi in maniera relativamente facile, in considerazione del fatto che lo Stato, a tale scopo, dovrebbe cercare di favorirlo con una legislazione *ad hoc*, del tutto anti-monopolistica.

Tuttavia sostituire il salario con un'associazione di tipo borghese, senza compiere alcuna rivoluzione politica che elimini la proprietà privata dei fondamentali mezzi produttivi, può tranquillamente essere considerato un inganno perpetrato ai danni del proletariato agricolo e industriale, il quale deve poter recuperare proprio ciò che il Mazzini attribuiva, con disprezzo, all'infanzia dell'umanità: la *proprietà collettiva della vita economica*, quella per la quale il lavoro era considerato uno strumento fondamentale per la sopravvivenza della stessa comunità, al di fuori della quale l'individuo non poteva neanche immaginarsi.

Il fatto che Mazzini non conosca gli operai lo si deduce continuamente dalle stesse espressioni fuori luogo che usa. P. es. questa: "invocate una diversa condizione economica non per egoismo di godimenti materiali, ma per potervi migliorare moralmente e intellettualmente".

A chi si sta riferendo? Agli operai di idee mazziniane repubblicane, che si differenziano da quelli di idee socialiste che, secondo lui, farebbero rivendicazioni solo per "egoismo di godimenti materiali"? Ma se anche si stesse riferendo agli operai in generali, non schierati politicamente, sarebbe forse ingiusto che un lavoratore così precario come l'operaio pensasse di rivendicare qualcosa per "godere materialmente"? È normale che un lavoratore il cui salario gli impone un'esistenza ai limiti della miseria, debba pensare soltanto, quando avanza delle rivendicazioni, ai benefici di tipo "morale e intellettuale"? E per quale ragione una rivendicazione compiuta per esigenze puramente materiali sarebbe di tipo "egoistico"? Non si sta forse parlando di operai che vivono col minimo indispensabile? E quando mai lavoratori del genere hanno mezzi, tempi e modi per coltivare lo spirito e la mente? Davvero l'operaio ha tutte le opportunità che vuole per mostrarsi "egoista"? O non sarebbe meglio dire che quando manifesta atteggiamenti egoistici, essi sono spesso determinati dalla disperazione? O meglio, da condizionamenti sociali e ambientali molto dolorosi?

In poche righe comunque Mazzini delinea tutte le sue proposte per migliorare la condizione operaia: "una patria di liberi ed uguali" (da notare che per lui l'uguaglianza è solo il diritto, uguale per tutti, di manifestare la propria diversità, cioè il proprio ingegno, il proprio merito.); l'educazione comune (sottinteso ai valori etico-religiosi del cristianesimo piccolo-borghese); il diritto di voto (in cui si concentra tutta la democrazia politico-parlamentare); il dovere di difendere la patria con le armi (sottinteso "sempre e comunque", a prescindere dalle motivazioni con cui si attacca o ci si difende); il diritto di non pagare tasse su un reddito che permette soltanto di sopravvivere; libertà di poter fare il lavoro che si desidera; necessità di ricevere aiuti quando si è anziani o malati; e soprattutto diritto di "sostituire il sistema del salario con quello dell'associazione volontaria fondata sull'unione del lavoro e del capitale nelle stesse mani". Quest'ultima cosa - secondo Mazzini - è molto difficile da realizzare se non si ottengono agevolazioni statali o speciali forme di credito.

Dunque, praticamente lo Stato o le banche, che sono enti preposti a soddisfare le esigenze della borghesia, dovrebbero farsi carico di finanziare ciò che contraddice il perno fondamentale della stessa società borghese, l'istituto appunto del salario. Capitale e lavoro nelle stesse mani: quali mani? Quelle del capitalista? Lo sono già, tant'è ch'egli viene chiamato "datore di lavoro". Nella sua mente affaristica il lavoro è nettamente subordinato alle esigenze del capitale. Se le mani sono invece quelle dell'operaio, questi, come minimo, deve smettere di fare l'operaio, altrimenti non riuscirà mai a realizzare alcun vero capitale.

Sull'esortazione astratta e moralistica che inizia con le parole, rivolte agli operai: "Educatevi, istruitevi come meglio potete..." e che si conclude con l'auspicio: "E fidate nell'avvenire", passando per la richiesta di creare "società cooperative di *consumo*" tra operai e contadini, Engels scagliò tutte le sue frecce, ironizzando sul fatto che per dire cose del genere, Mazzini doveva essere del tutto ignaro delle condizioni di vita sia degli operai che dei contadini.

In realtà, se si esclude il fatto che i lavoratori devono dotarsi anche di cooperative di *produzione* (e non solo di *consumo*), le esortazioni mazziniane non erano in sé sbagliate. Infatti se fossero state fatte dopo la rivoluzione anti-borghese, sarebbero state del tutto legittime. Operai e contadini devono indubbiamente emanciparsi anche moralmente e intellettualmente. Il problema è che non possono farlo se prima non si emancipano materialmente. L'ipocrisia del piccolo-borghese idealista sta proprio in questo, che predica il dovere morale di adempiere a determinati impegni, senza rendersi conto che per chi non ha le basi materiali, ciò risulta molto difficile, quasi impossibile.

Non solo, ma anche se il salariato riuscisse a realizzare una coerenza personale con gli ideali etici che gli vengono trasmessi, si sentirebbe terribilmente frustrato se non vedesse alcun miglioramento alla sua condizione sociale ed economica. Davvero è così importante acquisire dei valori etici supplementari soltanto per poterli vivere stoicamente in una immutata situazione di sfruttamento? Come poteva pensare Mazzini di convincere gli operai ad accettare delle esortazioni così generiche, quando lo sviluppo del capitalismo industriale si faceva largo tra lacrime e sangue? Davvero gli operai si sarebbero lasciati convincere che un Patto Nazionale sotto l'egida dei repubblicani mazziniani avrebbe avuto più successo di un'adesione all'Internazionale socialista?

*

Nell'articolo intitolato "Il moto delle classi artigiane e il congresso" (n. 28 della "Roma del Popolo") Mazzini parla dell'Internazionale socialista come di un'associazione terribile, che ispira "selvagge ire odiatrici, impotenti al bene". E lo dice vantandosi di una cosa chiaramente falsa: "Dal primo impianto della Giovine Italia fino alle nostre ultime manifestazioni, la causa degli operai fu nostra...". Se lo fu, lo fu sempre nella maniera sbagliata, tant'è che il mazzinianesimo, tra gli operai, non ebbe mai alcun successo.

Egli dice di se stesso di aver sempre voluto tenere unita la questione sociale a quella politica (a differenza, lascia presumere, dai socialisti). Ma in che senso "a differenza dai socialisti"? Qui è bene intendersi: non è affatto vero ch'essi non tengono in stretto contatto il sociale col politico. Semplicemente dicono che dar più peso al sociale che al politico significa limitarsi alle rivendicazioni salariali, alla cooperazione, alle casse di mutuo soccorso, ecc.; mentre dar più peso al politico significa "imborghesirsi", cioè svolgere una lotta meramente parlamentare.

Dunque in che senso qui Mazzini ambisce a tenere unito il sociale col politico? Nel senso conservatore di chi, quando fa politica non vuole abbattere il sistema, e di chi quando si limita al sociale non mette mai in discussione la legittimità della proprietà privata, ad eccezione ovviamente di quelle esagerate estensioni latifondistiche che impediscono alla piccola-borghesia di arricchirsi.

"Progresso" per lui vuol dire "migliorare le condizioni di lavoro dei produttori"; attenzione però a questo inciso: "senza danno o ingiuria ad altrui". Cioè ci si può migliorare solo per quel tanto che i potentati permettono, confidando ovviamente nella loro lungimiranza, in quanto loro stessi devono capire che è nel loro interesse che le contraddizioni non esplodano.

Le sue ricette economiche e sociali le elenca in maniera sintetica: "educazione nazionale uniforme" (i valori etico-culturali anzitutto!); "istituzioni capaci di prevenire ogni esempio di corruzione che venga dall'alto" (come se potessero esistere "istituzioni" in grado di svolgere un compito del genere! Come se la corruzione fosse un male proveniente solo "dall'alto"!); destinazione di una "parte del denaro pubblico e dei beni ai bisogni degli operai industriali e agricoli" (come se fossero delle categorie da proteggere con speciali sussidi! Come se la condizione del salariato non dovesse essere superata da subito, ma solo dopo aver acquisito "l'educazione nazionale uniforme"!); Tasse e tributi non vengano posti "sul *necessario* alla *vita*" (come se le classi egemoni degli Stati capitalistici non si siano invece comportate sempre così!); mettere a produzione "i quattro milioni di ettari di terra italiana oggi incolta" (come se questo potesse essere fatto senza alcun rivolgimento politico che elimini la proprietà privata della terra!).

E ora si faccia attenzione alle parole usate per superare il sistema del contratto salariale: "ultima soluzione del problema" (quando invece dovrebbe essere la prima, almeno nel senso che alla sua realizzazione si devono concentrare tutti gli sforzi della democrazia sociale e politica del proletariato agricolo industriale); una soluzione "da conquistarsi lentamente, progressivamente, liberamente" (si notino gli avverbi scelti, tutti contrari alla rivoluzione del proletariato!). Qual è dunque tale soluzione, quella che Mazzini considera, nella sua irrealizzabile utopia, come la più radicale? Sostituire "il sistema d'*associazione del capitale e del lavoro*... all'attuale sistema del *salario*". Il che, in sostanza, significa: favorire "l'impianto delle società di mutuo soccorso, preludio a quelle di cooperazione".

Spesso Mazzini ha dato l'impressione di avere idee molto chiare riguardo alle tipologie di riscatto economico da una situazione di oppressione. Eppure il più delle volte o dice cose mutuate altrove (p.es. dal socialismo utopistico, come le società di mutuo soccorso o le cooperative), oppure cose che non servono in maniera sostanziale alla classe operaia. Per quale motivo le soluzioni che offre possono avere soltanto un valore limitato nei confronti delle esigenze operaie? Semplicemente perché esse riguardano aspetti secondari della loro vita, nel senso che non solo non sono in grado di far superare il sistema del salario, ma, se ci si ferma ad esse, costituiscono addirittura un incentivo ad una sua ulteriore conferma. Gli operai infatti potrebbero illudersi che con la cooperazione (oggi potremmo aggiungere con lo Stato sociale) siano in grado di attutire gli effetti più negativi del sistema capitalistico.

Ciò che Mazzini non riesce proprio a capire è che il capitale non è mai disposto a fare concessioni spontaneamente e che quando è costretto a farle, pensa sempre a come rimangiarsele. Inoltre questo atteggiamento del capitale non dipende affatto dalla personalità dell'imprenditore come individuo, ma proprio dalla natura del sistema. Ed è grave che uno come Mazzini, testimone diretto di tutte le brutalità di un capitalismo emergente e di tutte le proposte alternative da parte del socialismo scientifico, non capisse assolutamente che col capitale non è *mai* il caso di scherzare, di tergiversare, di abbassare la guardia.

È incredibile che un politico come lui, esperto di cose europee, perseguitato per il suo repubblicanesimo democratico e per il suo anti-clericalismo politico, non riuscisse a vedere la lotta del proletariato socialista come un contributo fondamentale alle rivendicazioni della piccola borghesia. La paura di perdere consensi, di non poter primeggiare come leader indiscusso, gli impediva di guardare le cose col dovuto realismo. Invece di unire le forze positive al sistema, preferiva tenerle divise.

D'altra parte egli ha uno strano modo anche di fare storiografia. Quando si tratta di analizzare la storia europea dal 1815 al 1848 non ha dubbi nel ritenere del tutto superati i governi usciti dal Congresso di Vienna. Si vanta anzi di dire che se le sue teorie fossero state ascoltate, non vi sarebbe stato alcun movimento operaio di idee socialiste. Ciò in quanto non si può parlare solo di *libertà* e *uguaglianza*, in maniera giuspolitica, come ai tempi della rivoluzione francese; occorreva farlo anche sul terreno economico, parlando di *associazione*. Questo perché le disuguaglianze economiche non si sanano soltanto con princìpi politici generali, meno che mai quando le condizioni di partenza, tra le classi sociali, sono molto diverse.

Qui egli non ha problemi nel criticare gli economisti liberali, ligi ai poteri dominanti, e i teologi cattolici, che rimandano la soluzione dei problemi al regno dei cieli. La questione sociale operaia - è sempre lui a parlare - non poteva essere risolta neppure con "le grette egoistiche avvertenze di Franklin", relative al risparmio quotidiano minimo dei lavoratori, al fine di costruire istituti di beneficenza, "come se tutta una classe potesse emanciparsi con l'elemosina". E si chiede: non fu forse a causa di un atteggiamento repressivo e noncurante da parte dei governi anti-napoleonici che, per reazione, si formò l'Internazionale socialista?

Poi però, quando inizia a parlare del 1848 l'analisi storiografica muta repentinamente e Mazzini inizia a fare la parte della Cassandra inascoltata, del profeta incompreso dai poteri dominanti. In pratica per lui gli "eccessi" dell'Internazionale non erano che una conseguenza degli eccessi subìti. "La repressione brutale di pretese che erano da principio giuste in sé, generò pretese ingiuste".

In pratica che cosa rimproverava Mazzini al movimento operaio? Di non aver sufficienti forze per far valere i propri diritti, e quindi di chiedere cose con atteggiamenti estremistici, senza commisurare i diritti coi doveri. Egli vuole porsi *super partes*: condanna i governi che pensano solo a reprimere, e condanna i socialisti, che, secondo lui, sono mossi solo dall'odio e dalla vendetta. E conclude dicendo che il problema sociale non può risolversi con la paura ma solo con l'*amore*. "Se volete governare e dirigere al bene un popolo, amatelo". E in che cosa consiste questo "amore"? Nel dare ai 4 milioni di operai e ai 9 milioni di contadini *tutti i diritti politici*.

Ecco i valori di cui è costituita l'ideologia politica di Mazzini, con cui egli spera ch'essa abbia delle ricadute anche sul piano economico: educazione, partecipazione, uguaglianza politica, progresso, unità morale della famiglia e quindi dell'umanità... Valori puramente ideali, astratti, basati su una morale kantiana, che si rivolge prevalentemente agli artigiani, alla piccola borghesia più che agli operai.

Insomma Mazzini si proponeva, ancora una volta, come un politico schierato a favore della borghesia, anche se non di quella monopolistica. Accetta le rivendicazioni operaie solo nella misura in cui esse si trasformano in modalità borghesi di realizzazione del benessere. D'altra parte egli ha sempre fatto capire chiaramente agli operai[13] che la questione sociale non può essere separata da quella nazionale. L'operaio italiano, secondo lui, prima deve sentirsi *italiano* e solo dopo, semmai, può nutrire idee socialiste. Quindi questo significa che tutte le rivendicazioni sociali ed economiche che l'operaio pone, devono essere compatibili con le esigenze nazionali dei governi in carica, cioè non devono spingersi oltre le possibilità effettive delle classi egemoni, e non devono lasciarsi influenzare da organizzazioni straniere. Nel suo complesso la *nazione* è superiore alle classi sociali. Di qui il suo netto rifiuto dell'Internazionale socialista.

Indirettamente Mazzini chiedeva agli operai di partecipare alle esigenze colonialistiche di uno Stato capitalistico, quale quello italiano uscito dall'unificazione nazionale. Stava anticipando, senza volerlo, quello che sarebbe stato il tradimento della seconda Internazionale nell'imminenza della prima guerra mondiale.

Nell'articolo "Ai rappresentanti artigiani nel Congresso di Roma" (n. 33 de "La Roma del Popolo") fa capire chiaramente che

---

[13] Lo ribadisce anche nell'articolo molto breve "Alle società operaie" (n. 32 de "La Roma del Popolo").

tutte le teorie anarco-socialiste provenienti da Russia, Germania e Francia le respinge con orrore. Le definisce "una selvaggia irruzione", arbitrarie irrazionali negazioni" di Dio, della Patria, della Proprietà individuale, della Famiglia: ideologie settarie che possono trovare consenso solo fra i giovani estremisti, anche perché la borghesia si spaventa e chiede rassicurazioni, soprattutto per quanto riguarda la proprietà. In particolare il socialismo possiede, secondo lui, ideali irrealizzabili e persino ingiusti, come p. es. quello di collegare l'emancipazione operaia di qualunque nazione a una direzione centralizzata mondiale.

Nell'articolo "Questione sociale"[14] definisce gli anarco-socialisti degli "agitatori volgari", mossi da "odio e vendetta", intenzionati a sostituire una classe con un'altra (lo dice senza capire che sia per gli uni che per gli altri l'unico vero problema è quello di abolire tutte le classi, facendo valere gli interessi di quella che, non possedendo nulla in proprietà, se non le proprie braccia e la propria mente, rappresenta meglio di chiunque altra l'intero popolo lavoratore).

Per questo motivo egli insiste nel dire che gli artigiani devono tenersi separati dagli operai filo-socialisti e dai contadini filo-anarchici. Gli artigiani devono considerare i doveri più importanti dei diritti, l'avvenire più importante del presente, l'educazione più importante della proprietà altrui, la pacificazione sociale più importante della lotta di classe, la morale più importante dell'economia, a condizione ovviamente che le tasse siano eque, anzi nulle se il reddito è minimo, e che il governo aiuti a formare le associazioni di lavoro e capitale, affinché chi è salariato possa diventare un produttore indipendente.

Mazzini insomma stava chiedendo ai capitalisti e ai grandi agrari di smettere di fare il loro lavoro e di diventare dei filantropi, e ai governi che li tutelavano, di tradirli! Tutti, in sostanza, dovevano confidare nella "Legge provvidenziale del Progresso", cioè nella smithiana "mano invisibile" che da sola avrebbe risolto ogni cosa.

La cosa singolare nelle teorie di Mazzini è che egli rifiuta anche i governi che difendono le grandi proprietà, mobili e immo-

---

[14] "La Roma del Popolo", nn. 40-41-42.

bili; contesta le classi dirigenti che non sanno governare le nazioni perché troppo egoiste, troppo attaccate ai loro beni, prive di una vera fede nel futuro, di una dottrina sociale, chiuse nel loro particolare, preoccupate soltanto di resistere alla pressione popolare. Anche se dicono di professare una fede religiosa, di fatto sono dei "materialisti pratici".

E tuttavia contro costoro egli ritiene che l'Internazionale socialista non possa far nulla, proprio perché al suo interno non vi è omogeneità nei fini, in quanto una corrente è favorevole alla proprietà collettiva gestita dallo Stato; un'altra invece, quella anarchica, è favorevole alla proprietà individuale, senza la presenza di alcuno Stato, sostituito dall'autonomia dei tanti Comuni.

Mazzini voleva farsi portavoce degli interessi e degli ideali delle "classi medie", che - secondo lui - nulla hanno a che fare con quella "genia di speculatori e di banchieri insaziabili" che "contaminano le buone vecchie abitudini del commercio e preparano crisi tremende ai popoli".

Per "classi medie" Mazzini intende quelle che hanno formato i Comuni e che hanno combattuto contro i dominatori stranieri per realizzare l'unità nazionale. Così dicendo, egli non si rende assolutamente conto che il capitalismo, una volta nato, non può che svilupparsi, se non viene abbattuto violentemente. Mazzini non ha alcun senso storico, né riesce a comprendere le dinamiche economiche del capitalismo. S'illude di poter fermare o invertire dei processi che, senza una rivoluzione violenta, sono irreversibili, in quanto le contraddizioni tendono soltanto ad acuirsi, al punto che quando sembrano essere risolte o ridotte al minimo, è solo perché da qualche altra parte del pianeta le sta pagando una diversa popolazione, soggetta, più che altro, a uno sfruttamento di tipo coloniale.

Mazzini è ancora convinto che la classe media (cioè gli artigiani, i commercianti, i piccoli imprenditori, i liberi professionisti...) possa, *da sola*, senza l'aiuto degli operai e dei contadini, indurre, col proprio buon esempio, col proprio senso del dovere, le classi dirigenti a una maggiore moderazione, a una maggiore lungimiranza, cioè a concedere riforme che aiutino i lavoratori in proprio a farsi strada, a non sentirsi dei frustrati. Egli confidava nell'intelligenza delle classi dirigenti, senza capire che esiste un ruolo oggettivo delle classi che prescinde del tutto dal comportamento soggettivo dei singoli membri che vi appartengono. Egli non voleva una classe media rivoluzionaria come quella inglese e francese, anche perché sapeva bene che, da quando erano nate le correnti anarchiche e socialistiche le classi dirigenti, quando vedono dei moti eversivi, tendono a spaventarsi immediatamente, a rinchiudersi a riccio e ad evitare ogni compromesso. Ecco perché se da un lato voleva combattere i governi fondati sul monopolio e sul privilegio, dall'altro però temeva che i governi, di fronte al tentativo delle classi medie di cercare un'alleanza con gli operai socialisti e i contadini anarchici, avrebbero pensato che quelle classi medie avessero gli stessi fini e volessero usare i loro stessi metodi.

Forse su un aspetto si può convenire con la strategia politica di Mazzini: là dove afferma che la questione *sociale* è strettamente legata a quella *politica*, in quanto s'influenzano a vicenda. Dice a tale proposito: "Nessuna trasformazione sociale può compiersi senza l'impianto di istituzioni politiche corrispondenti al *principio* che le dà vita e potenza... Nessuna rivoluzione politica può, d'altro lato, farsi legittima... se non modifica gli ordini sociali e non inizi alla vita nazionale una classe di uomini fino a quel giorno diseredati" (in "Questione sociale"[15]). Questo significa - e l'esempio è suo - che il suffragio universale non è di per sé sufficiente a risolvere la questione sociale.

Poi fa un altro esempio riferito alla Russia, dove può facilmente constatare che "il moto sociale s'agita più potente d'assai che non il politico". Questo per dire che il moto sociale fruisce di una relativa autonomia rispetto alla coscienza politica, benché quest'ultima sia indispensabile al fine d'impedire che il moto sociale si riduca a "una questione puramente materiale", soggetta quindi "a tutti i suggerimenti delle passioni e degli appetiti".

Detto questo però, la cui verità è sacrosanta, ecco di nuovo piombare Mazzini nel misticismo più assurdo, a testimonianza di una particolare limitatezza culturale. L'unità tra questione sociale e questione politica per lui è garantita non dalla *rivoluzione* bensì da *dio* in persona! Questo perché esiste un disegno provvidenziale, un fine comune tra l'individuo e l'umanità, assicurato appunto dal pen-

---

[15] "La Roma del Popolo", nn. 40-41-42.

siero divino, ed è un fine di libertà, uguaglianza, fraternità, un fine che dovrebbe vivere nei cattolici e nei protestanti, nei cristiani e non cristiani e che di sicuro non può capire chi non crede in alcun dio.

Mazzini vuol far capire alle classi dirigenti che la fine del privilegio è voluta dalla stessa provvidenza divina, come dimostra il fatto che la schiavitù classica è finita, sostituita dal lavoro servile dei contadini e poi dal lavoro salariato, quello per cui l'individuo è giuridicamente libero. La progressione verso la piena libertà è incontestabile, e se oggi è ancora presto per concederla alla classe operaia, di sicuro però la si può concedere agli artigiani, evitando di rovinarli con la concorrenza dell'industria, col monopolio, con le tasse o impedendo loro d'associarsi a livello nazionale, facendo valere i propri diritti come classe omogenea, rappresentata da un comitato nazionale e anche da un unico organo di stampa.

Anche la classe media può fare la propria "rivoluzione", almeno finché non avrà raggiunto il proprio fine. Mazzini si chiede se questo fine si raggiungerà insieme alle classi dirigenti o contro di loro, ma a questa domanda risponde che solo le classi dirigenti potranno deciderlo. Da parte sua solo di una cosa è certo: il fine si raggiungerà, in un modo o nell'altro, e se le classi dirigenti porranno solo ostacoli, verranno inevitabilmente travolte (qui egli usa la parola "divorate"). E fa un bell'esempio paragonando queste classi dirigenti all'atteggiamento che ha tenuto l'Europa occidentale nei confronti della Russia. "Per terrore della Russia, l'Europa si ostina a puntellare artificialmente un Impero, il Turco, condannato irrevocabilmente a perire e travolgere, disperato d'ogni altro aiuto, le popolazioni indigene, alle quali è affidata l'esecuzione della sentenza, in braccio allo Zar"[16]; così le classi dirigenti, "per terrore irragionevole del moto artigiano", finiscono col farlo rifluire nel movimento operaio, che, grazie ai suoi "agitatori", insegna ad "aborrirvi e distruggervi".

Come si può notare, tutti gli articoli scritti nell'ultimo perio-

---

[16] Questa frase non è certo limpida sul piano sintattico e semantico, però lascia capire che la politica europea, per un timore infondato nei confronti della Russia, ha sempre preferito appoggiare un impero, quello ottomano, che, quanto ad arretratezza feudale, era di molto superiore a quello zarista. Nella fattispecie è facile intuire che Mazzini qui si riferisse soprattutto alla guerra di Crimea.

do della sua vita, soprattutto quelli su "La Roma del Popolo", più
che essere a favore della piccola borghesia, sono contro l'Internazionale socialista di Marx ed Engels, anche quando fanno capire ai
poteri costituiti che, se non appoggiano le rivendicazioni dei ceti
medi, il loro destino sarà di essere travolti dalle stesse classi che si
rifanno a quella Internazionale.

Singolare resta il fatto che la corrente marxista di quella
Associazione considerava Bakunin un nemico più difficile da combattere, rispetto a Mazzini, quando invece l'evoluzione storica del-
l'Italia borghese avrebbe dimostrato proprio il contrario. Il marxismo sottovalutò notevolmente il mazzinianesimo forse perché, non
essendo passata la sua idea di repubblica democratica, lo si riteneva un movimento politicamente sconfitto, soprattutto dopo il 1848-
49. E si pensava che l'anarchia potesse acquistare maggiori seguaci
tra la piccola borghesia e soprattutto negli ambienti contadini eversivi. Invece l'anarchia, in Italia, fu un fuoco di paglia (i contadini
restavano legati alla chiesa), mentre l'ideologia politicamente liberale e in fondo liberista, sul piano economico, avrà un notevole
successo dopo l'unificazione nazionale. Praticamente tutti coloro
che criticavano i governi di destra e di sinistra erano influenzati
dalle idee di Mazzini, quando non potevano avvalersi di intellettuali e politici orientati chiaramente verso il socialismo.

Le idee di Mazzini non ebbero vasti consensi politici, in
quanto l'Italia cattolica preferirà dotarsi di un proprio partito, quando deciderà di entrare nell'arena politica (prima col partito popolare, poi con la democrazia cristiana), mentre l'Italia della grande
borghesia rurale e industriale preferirà il partito liberale, quello
conservatore e poi quello fascista. Ma se ci pensiamo davvero il
partito democratico-borghese, quello più vicino al proletariato,
quello più lontano dalla chiesa politica, sarà proprio il suo, le cui
idee influenzeranno tutti gli altri partiti borghesi e persino quelli di
area socialista riformista.

*

Ora prendiamo in esame alcune tesi più propriamente di politica economica elaborate da Mazzini.

Si noti anzitutto questa particolare differenza ch'egli pone tra l'Internazionale socialista e la sua idea di Associazione. La prima, secondo lui, era un'associazione di tipo esclusivamente *politico*, in quanto doveva porsi in maniera antagonistica al sistema, avendo come obiettivo finale quello di abbatterlo (come minimo doveva appoggiare tutte le lotte di tipo sindacale). La seconda invece è esclusivamente *socio-economica*, cioè è una realtà di tipo cooperativo, la quale, per potersi avviare ha bisogno di sussidi governativi o comunque di forti agevolazioni (p.es. fiscali), in quanto il suo decollo industriale o artigianale o commerciale o di altra natura è sempre, inevitabilmente, molto faticoso. Le Società di cooperazione devono infatti farsi largo in un sistema che è capitalistico o, quanto meno, saturo di privilegi tutelati dai governi in carica.

Quanto alla riforma agraria tanto agognata egli si limita ad auspicare, senza capire i termini veri del problema, che i contadini possano comprare "a basso prezzo terre incolte o neglette"; non solo, ma chiede anche che tali terre vengano assegnate soltanto ad "agricoltori valenti e capaci, associati", cioè a una forza lavorativa già orientata a una produzione esclusiva per il mercato, quindi chiaramente a degli agrari capitalistici, già abbondantemente imborghesiti e soprattutto già possessori di terre private, i quali, acquisendo nuove "terre incolte e neglette", non farebbero che aumentare il loro patrimonio.

Anche sulla questione delle tasse dice una cosa giusta, e cioè che non andrebbero imposte a chi non ha neppure il necessario per vivere, ma si dimentica di aggiungere altre cose molto importanti, e cioè che esse vanno proporzionate al reddito, che il contribuente va tenuto sotto controllo e che il loro esercizio va soprattutto verificato a livello locale, onde impedire il più possibile abusi o forme di corruzione.

Quando Mazzini parla di affrontare le grandi questioni sociali, non a "spicchi", ma nel loro *insieme*, a cosa intende riferirsi? Si faccia ora attenzione a come risponde e si cerchi di capire che cosa, di molto importante, viene tralasciato nelle sue considerazioni. Egli intende riferirsi a: "il lato morale, intellettuale, economico del problema", un "radicale rimutamento della legge elettorale", una "educazione nazionale obbligatoria e gratuita", la "formazione d'un capitale destinato a mallevadoria di certe operazioni prime delle associazioni artigiane industriali" (cioè finanziamenti agevolati e pubblici al loro *start-up*), la "concessioni di terre, proprietà dello Stato e dei Comuni alle associazioni agricole" (in "Questione sociale"[17]). Che cosa manca? Manca la cosa più importante: *l'esproprio dei fondamentali mezzi produttivi* che devono passare da mani private a mani pubbliche, a partire dalle terre sino alle grandi aziende e miniere e banche. Come si può pensare di porre un argine alle speculazioni private senza risolvere il problema del possesso esclusivo delle grandi proprietà? Senza risolvere questo fondamentale problema, tutto si riduce a concessioni di favore, a forme di "elemosine statali" e via dicendo. È inutile poi dire che il popolo saprebbe da solo quali lavoratori meritano davvero d'essere aiutati.

La stessa idea di sostituire il sistema del *salario* con quello dell'*associazione* è molto importante per l'ideologia politica del mazzinianesimo, poiché qui si gioca tutta la sua credibilità. Mazzini infatti ammette che là dove esiste proprietà privata dei mezzi produttivi, esiste necessariamente lo sfruttamento del lavoro di chi non possiede alcun mezzo. Tuttavia quand'egli parla di economia politica resta sempre molto ambiguo. Infatti quando pensa all'associazione non ha mai in mente un gruppo di operai qualunque, ma soltanto un gruppo di quelli specializzati, così specializzati che potrebbero mettersi in proprio se fossero aiutati con un certo credito iniziale da rimborsare a lunga scadenza.

Il salario quindi, per lui, non va abolito *in sé*, ma solo per i più capaci e meritevoli, che un ingrato destino ha privato dei beni fondamentali per allestire un'attività produttiva in proprio, del tutto autonoma. Questo suo modo di ragionare, a parte l'aristocraticismo ad esso sotteso, è alquanto singolare. Infatti se Mazzini fosse davvero contrario al sistema salariale *in sé* dovrebbe fare un discorso politico chiaramente anti-capitalistico, anche nel caso in cui si limitasse a un discorso di tipo sindacale.

Non facendo nulla di tutto questo, egli in definitiva non fa che puntellare il sistema stesso, chiedendo che la possibilità di accedere al mercato, partecipando alla redistribuzione dei profitti, venga allargata il più possibile. Cosa che, per essere fatta - ma questo lui non lo dice perché sarebbe apparso troppo contraddittorio -, implica che la stessa associazione assuma dei lavoratori salariati,

---

[17] "La Roma del Popolo", nn. 40-41-42.

altrimenti sul mercato non si è sufficientemente in grado di competere.

Un altro modo per emancipare, almeno in parte, i salariati è
quello, secondo lui, di permettere loro di "partecipare agli utili del-
l'impresa" presso cui lavorano. Mazzini prospetta questa soluzione
perché è convinto - peraltro giustamente - che là dove il lavoratore
si sente personalmente coinvolto "nei risultati della produzione", il
suo rendimento sarà di molto superiore. E qui si premura di citare
esempi concreti che - secondo lui - hanno conseguito un certo successo.

Uno di questi esempi è piuttosto dettagliato, ed è raccontato
da uno scrittore francese, Eugenio Véron. Un certo signor Briggs,
proprietario di miniere carbonifere in Inghilterra, stanco di lottare
contro le rivendicazioni dei suoi operai, decise nel 1864 di dividere
la proprietà delle sue miniere, valutate intorno a 2.250.000 franchi,
in 900 azioni di circa 250 franchi ciascuna, e costituì una società in
accomandita. Di quelle azioni, 6000 le tenne per sé e altre 3000 le
offrì agli operai e ai clienti delle miniere. A quel punto il problema
era soltanto quello di come convincere gli operai ad acquistare delle azioni che, per le loro tasche, non erano certamente economiche.
Mazzini però non lo spiega e preferisce riportare altre informazio-
ni.

Si costituì un fondo sociale suddiviso in due parti: da un
lato vi era un capitale fittizio che rappresentava l'ammontare dei
salari degli operai; dall'altro vi era il denaro degli azionisti, che ac-
quisirono il diritto ad avere un 10% d'interesse sulle loro azioni.
Infine si stabilì che se esisteva un surplus di profitti, esso andava
ripartito proporzionalmente tra tutti i soci dell'impresa (in genere si
trattava di una quota di capitale tenuta di riserva, per le emergenze
o i casi particolari). E qui viene l'esempio concreto. Se il beneficio
annuale risultava del 14% del capitale in azioni, il 10% veniva ri-
conosciuto come interesse, il 2% come profitto e il restante 2% veniva assegnato agli operai in rapporto ai diversi salari.

Per invogliarli ad acquistare azioni Briggs aveva fissato,
per ripartire i benefici, il 10% sul totale annuo dei loro salari, mentre a tutti gli altri la quota era del 5%. Questo criterio di ripartizio-
ne fu modificato nel 1867, cioè tre anni dopo, secondo questa modalità: 12% agli operai azionisti e 8% a tutti gli altri. Nello stesso

anno i benefici netti furono di 510.425 franchi, di cui 200.000 messi da parte per eventuali cattive annate.

Conclusione idilliaca? L'impresa non risentì della crisi occorsa nel suo ramo industriale e fece scomparire, come per incanto, l'antagonismo tra capitale e lavoro. L'accordo era, secondo Mazzini, "perfetto". Un gran numero di operai erano diventati azionisti, anche perché si permetteva loro di acquistare delle azioni versando un acconto di 75 franchi. Nel 1868 le azioni erano già a un premio di oltre 112 franchi.

Che cosa c'è che non va in tutto questo ragionamento? Semplicemente il fatto che la società commerciale a responsabilità limitata che la famiglia di Henry Briggs e dei suoi figli aveva messo in piedi nel campo carbonifero del West Yorkshire fallì quando nel 1875 non era più in grado di offrire alcun bonus ai propri operai azionisti, e si riprese soltanto quando ridiventò capitalistica al 100%. Peccato però che il Mazzini, essendo già morto, non poté vedere le conseguenze di questo azionariato esteso agli operai.

La realtà è che la partecipazione operaia agli utili non ha alcun senso in un sistema capitalistico, proprio perché, così facendo, gli operai non potrebbero che legittimare un'economia basata sullo sfruttamento del lavoro altrui. Gli operai devono lottare contro il sistema, in maniera sindacale e politica. Non possono puntellarlo in alcuna maniera, anche perché la partecipazione agli utili è soltanto un ulteriore inganno: in cambio viene chiesto di rinunciare a qualunque tipo di rivendicazione; gli imprenditori vogliono illudere gli operai d'essere imprenditori di se stessi, comproprietari di un'impresa industriale dalle caratteristiche sociali. Ma gli operai non avranno mai la maggioranza delle azioni quotate, e non potranno mai prendere decisioni significative né potranno opporsi alla revoca dei dividendi o delle cedole o di qualunque altro bonus ritenuto, ad un certo momento, per nulla conveniente dai veri proprietari dell'impresa.

La critica di Marx ed Engels a Mazzini

Gran parte dei giudizi di Marx su Mazzini si trovano nel "New York Daily Tribune", ove Marx scriveva come giornalista, e ovviamente nell'epistolario con Engels. In genere sono giudizi negativi, come quando dice, in riferimento ai vari manifesti del leader repubblicano, che usava "roboanti proclami".

Quello che Marx proprio non sopportava era il bisogno di una continua cospirazione, come se le rivoluzioni potessero essere fatte "su ordinazione", a prescindere dalle "possibilità favorevoli che offrono le complicazioni europee". Per di più - diceva con un certo fastidio - venivano promosse da un leader molto lontano dalla sua patria, che pretendeva "azioni individuali da parte di cospiratori che dovevano agire di sorpresa".

Secondo lui Mazzini ebbe modo di capire, dal fallimento delle Cinque giornate di Milano del 1848, che nei moti rivoluzionari "non è alle classi superiori che si deve guardare, bensì alle differenze di classe". Tuttavia gli rimproverò sempre di non tenere in alcun conto le "condizioni materiali della popolazione italiana delle campagne", quelle che l'avevano resa "indifferente alla lotta nazionale". Lo dice anche nella lettera a Joseph Weydemeyer (11-09-1851): "la politica di Mazzini è fondamentalmente sbagliata, in quanto trascura di rivolgersi a quella parte dell'Italia che è oppressa da secoli, ai contadini, e in tal modo prepara nuove riserve alla controrivoluzione. Il signor Mazzini conosce soltanto le città con la loro nobiltà liberale e i loro *citoyens éclairés* [cittadini illuminati]. I bisogni materiali delle popolazioni agricole italiane - dissanguate e sistematicamente snervate e incretinite come quelle irlandesi - sono troppo al di sotto del firmamento retorico dei suoi manifesti cosmopolitici, neocattolici e ideologici. Certo ci vorrebbe del coraggio per dichiarare ai borghesi e alla nobiltà che il primo passo, per fare l'indipendenza dell'Italia, è la completa emancipazione dei contadini e la trasformazione del loro sistema di mezzadria in libera proprietà borghese. A quanto pare per Mazzini un prestito di 10 milioni di franchi [quello che da Londra aveva chiesto per finanziare i moti insurrezionali] è più rivoluzionario che conquistare 10 milioni di uomini".

Marx era altresì convinto che se non si fossero coinvolti i contadini promettendo loro la fine del latifondo e la loro trasformazione da mezzadri a liberi proprietari[18], il governo austriaco avrebbe fatto ricorso ai metodi cosiddetti "galiziani", quelli cioè che usò per indirizzare i contadini insorti della Galizia contro i nobili rivoltosi polacchi, che chiedevano la liberazione della Polonia; dopo di che, repressa la rivolta di Cracovia, il governo austriaco fece altrettanto con quella galiziana. Questo nel 1846. Ma due anni dopo fece lo stesso, quando dichiarò in Galizia l'abolizione delle *corvées* obbligatorie e gratuite, senza però intaccare la proprietà fondiaria, anzi scaricando sui contadini un enorme riscatto che si protrasse per decine di anni. Anzi, il governo austriaco aveva già minacciato di fare un "rivolgimento completo della proprietà", soprattutto di quella baronale del Mezzogiorno. La sola minaccia aveva sconcertato i grandi proprietari terrieri, i quali, a partire da quel momento, appoggiarono con decisione l'unificazione nazionale, in linea con la strategia del Cavour, spiazzando il partito d'azione di Mazzini e Garibaldi.

Questo per dire che Marx vide molto positivamente il fatto che il comitato degli esuli italiani guidato da Mazzini a Londra, dopo il fallimento della Repubblica romana nel 1849, si spaccasse in due, con una minoranza che gli rimproverava di parlare troppo di dio e di predicare continuamente l'insurrezione senza cercare di coinvolgere le masse contadine, ovvero di non voler intaccare minimamente gli interessi materiali dei borghesi e della nobiltà liberale, che rappresentavano "la grande falange mazziniana".

Sotto questo aspetto Marx era convinto che sarebbe stato piuttosto il generale Radetzky, saccheggiando enormemente il nord Italia, a fare della penisola quel "cratere rivoluzionario" che Mazzini non era riuscito a evocare con le sue declamazioni.

Marx però deve ammettere che "la rivoluzione italiana è stata legata per quasi trent'anni al nome di Mazzini e durante questo periodo l'Europa ha visto in lui il miglior esponente delle aspirazioni nazionali dei suoi compatrioti". Fu lui infatti che denunciò i

---

[18] Da notare che nelle sue lettere e negli articoli di giornale neppure Marx prevede per i contadini un'alternativa alla mezzadria che non sia di tipo "borghese".

piani segreti concordati tra Francia, Russia e Regno Sabaudo per cacciare gli austriaci senza fare alcuna rivoluzione. Evidentemente - sostiene Marx - Mazzini "disponeva dei mezzi più ampi per penetrare nei foschi segreti delle potenze dominanti".[19] Infatti la Francia voleva in qualche modo amministrare il Mezzogiorno e parte del centro della penisola, senza eliminare lo Stato della chiesa. Quanto ai Savoia, si sarebbero accontentati di gestire il nord Italia.

In una lettera a Engels (8-10-1858), Marx sostiene che finalmente Mazzini, in uno dei suoi ultimi proclami, si era degnato "di non considerare più il sistema del salario come la forma ultima e assoluta del lavoro". Tuttavia l'ultimo Mazzini scrisse cose del tutto calunniose, in quanto non provate, o addirittura palesemente false contro l'Internazionale socialista e la Comune di Parigi. Lo fece alla vigilia del Congresso delle Società operaie italiane (novembre 1871), allo scopo d'impedire la creazione di un'organizzazione proletaria in Italia.

In quell'occasione sarà Engels a farsi sentire. In particolare dirà, in una lettera a Carlo Cafiero, che non era vero che Mazzini non avesse mai partecipato all'Internazionale socialista; semmai aveva cercato di strumentalizzarla per i propri fini, servendosi di un garibaldino, il maggiore Luigi Wolff (principe Thurn und Taxis), ch'era una spia della polizia francese, smascherata da Paolo Tibaldi, un comunardo parigino.

I mazziniani - disse Engels - uscirono dall'Internazionale nel 1865, quando si resero conto che la loro strategia politica, secondo cui "la democrazia borghese offriva *diritti politici* agli operai, onde poter conservare i *privilegi sociali* delle classi medie e superiori", non aveva avuto alcun successo.

D'altra parte Mazzini attaccava sempre i proletari quando si sollevavano: non l'aveva fatto solo in occasione della Comune di Parigi, ma anche prima, con l'insurrezione parigina del giugno 1848, tant'è che Louis Blanc scrisse un opuscolo contro di lui.

Engels usa, nelle sue lettere a Marx o in articoli pubblicati su varie riviste, parole severe contro di lui. Gli rimprovera di manifestare una "mal dissimulata libidine di autorità", "un'astratta furia

---

[19] Significativo che Mazzini non riconosca mai a Marx dei meriti equivalenti, se non l'intelligenza per le questioni economiche.

insurrezionale"; lo definisce uno "scaltrito fanatico" e, proprio per questo, ritiene che "la rivoluzione italiana superi di gran lunga quella tedesca per la povertà delle idee e l'abbondanza delle parole". Lo prende poi in giro con questa eloquente frase: "Mazzini non ha per gli operai altro consiglio che: Educatevi, istruitevi come meglio potete (come se ciò potesse essere fatto senza mezzi!)... Adoperatevi a creare più frequenti le società cooperative di consumo (nemmeno di produzione!) e fidate nell'avvenire!". In effetti Mazzini accennerà solo di sfuggita, nei suoi scritti, all'unione tra movimento operaio e movimento contadino e all'unione in associazioni dei lavoratori rurali, e mai parlerà di espropriazione dei latifondisti e di lotta contro i residui feudali nell'economia agricola.

Gramsci critico di Mazzini

Gramsci dice cose molto spiacevoli su Mazzini. Vediamo le più significative:

1. il suo partito d'azione confondeva l'unità culturale esistente nella penisola - limitata a uno strato molto sottile della popolazione (quella borghese) e inquinata dal cosmopolitismo vaticano - con l'unità politica e territoriale delle grandi masse popolari (quelle rurali), che però erano estranee a quelle tradizioni culturali;

2. il partito d'azione, non appoggiandosi specificamente a nessuna classe storica, fu pesantemente influenzato da Cavour e da Vittorio Emanuele II, cioè dal partito moderato (almeno sino a quando non andrà al potere la Sinistra storica), e comunque esso non ebbe mai un programma di governo;

3. siccome questo partito non volle mai fare appello ai contadini (che preferivano l'anarchismo di Bakunin), in quanto non li riteneva interessati a fare l'unità nazionale, furono i latifondisti ad allearsi col Cavour chiedendo l'annessione immediata, soprattutto dopo aver preso atto della minaccia dell'Austria di voler risolvere in Italia la questione agraria a favore dei contadini, così come aveva fatto in Galizia contro i nobili polacchi a favore dei contadini ruteni;

4. tuttavia questo partito è stato il prototipo di tutti i partiti italiani di massa, che pur non erano tali, in quanto non contenevano blocchi sociali omogenei;

5. il suo fallimento come uomo politico dipese anche dal fatto che nel suo programma persistono tracce dell'universalismo medievale; Mazzini e Gioberti cercarono infatti d'innestare il moto nazionale in una tradizione cosmopolitica, creando cioè il mito di una missione dell'Italia rinata in una nuova cosmopoli europea e mondiale, ma questo mito era puramente verbale e cartaceo, retorico, fondato sul passato, non in grado di competere col realismo politico e l'empirismo di Cavour, tant'è che già dopo il 1848 molti elementi signifi-

cativi del mazzinianesimo passarono al cavourrismo (il neoguelfismo scomparve completamente); se Mazzini fosse stato un politico realista e non un apostolo illuminato, un missionario religioso, si sarebbe interfacciato col Cavour e probabilmente l'Italia avrebbe avuto una unificazione su basi più moderne; a dir il vero egli non seppe neppure confrontarsi con Cattaneo a Milano nel 1848 né utilizzare convenientemente Garibaldi a Roma nel 1849; sicché, in definitiva, politici come Mazzini, non avendo programmi ben definiti, finiscono col lavorare solo "per il re di Prussia", nel senso che possono essere facilmente strumentalizzati.

Bibliografia

F. Della Peruta, *Mazzini e i rivoluzionari italiani. Il "partito d'azione" 1830-1845*, Feltrinelli, Milano 1974; *I democratici e la rivoluzione italiana*, Feltrinelli, Milano 1974; *Giuseppe Mazzini e la democrazia risorgimentale (1830-61)*, in AA.VV., *Storia della società italiana*, Teti, Milano 1986 (vol. 15); *L'unirsi dei popoli è la caduta dei re*, in "Il Calendario del popolo" (n. 509 / 1988); *Guerre per bande e insurrezione,* in "Il Calendario del popolo" (aprile 1984); *Le posizioni di De Cristoforis, Pisacane e Garibaldi*, in "Il Calendario del popolo" (maggio 1984); *Da noi l'ebbe vinta la politica*, in "Il Calendario del popolo" (n. 510 / 1988); *1848: Uno spettro si aggira per l'Europa*, in "Il Calendario del popolo" (n. 554 / 1992); *1848: l'insurrezione armata*, in "Il Calendario del popolo" (n. 555 / 1992); *1848: la risoluzione audace*, in "Il Calendario del popolo" (n. 557 / 1992); *1848: non solo indipendenza*, in "Il Calendario del popolo" (n. 558 / 1992); *1848: meglio l'ordine*, in "Il Calendario del popolo" (n. 559 / 1992).

L. Russi, *Nascita di una nazione. Ideologie politiche per l'Italia (1815-1861)*, CLUA, Pescara 1984; *Pisacane e la rivoluzione fallita*, con *Guerra combattuta in Italia negli anni 1848-49* di Carlo Pisacane, Jaca Book, Milano 1976; *Macchi e Pisacane. Antigiobertismo e critica antimazziniana nel laicismo razionalista e nel materialismo socialista tra fallimento rivoluzionario e vigilia dell'unificazione nazionale*, in "Bollettino della Domus Mazziniana", XXVII, n. 2, 1981; *Dopo la rivoluzione. Pisacane tra immaginario politico e utopismo sociale*, in N. Matteucci (a cura di), *L'utopia e le sue forme*, il Mulino, Bologna 1982; *Il "Pisacane" di Colajanni. Una fonte politico-culturale per la definizione del socialismo italiano di fine secolo*, in *Napoleone Colajanni e la società italiana fra Otto e Novecento*, Epos, Palermo 1983; *Guerriglia e guerra di popolo nella rivoluzione siciliana del 1860*, in *Garibaldi e la Sicilia nel 1860*, in "Archivio storico siciliano", serie IV, vol. IX, 1983, pp. 235-240; *Garibaldi, Pisacane e la Repubblica Romana*, in A.A. Mola (a cura di), *Garibaldi generale della libertà*. Atti del Convegno internazionale (Roma 29-31 maggio 1982), Ufficio storico sme, Roma 1984, pp. 45-58; *Ha quasi un secolo questo inedito su Giuseppe Mazzini*, in "Paese Sera", 22 maggio 1984; *L'esame critico del 1848-1849 e le nuove prospettive di Pisacane*, in AA.VV., *Storia della società italiana*, vol. XV, *Il movimento nazionale e il 1848*, Teti, Milano 1986, pp. 345-371 e 441-442; *Montanelli e Pisacane. Democrazia "progressiva" e democrazia "rivoluzio-*

naria" nell'Ottocento risorgimentale, in P. Bagnoli (a cura di), *Giuseppe Montanelli. Unità e democrazia nel Risorgimento*, Olschki, Firenze 1990; *Nazione, Democrazia, Socialismo. Passaggi politici del Risorgimento italiano*, prolusione, in Inaugurazione dell'a.a. 1990/1991 dell'Università degli Studi "G. D'Annunzio", Chieti 19 gennaio 1991; *Pisacane e Ferrari. Esiti socialisti dopo una rivoluzione fallita*, in S. Rota Ghibaudi, R. Ghiringhelli (a cura di), *Giuseppe Ferrari e il nuovo Stato italiano*, Cisalpino, Milano 1992, pp. 261-272; *Carlo Pisacane. Vita e pensiero di un rivoluzionario senza rivoluzione*, ESI, Napoli 2007; *I percorsi della stella. L'idea di nazione in Italia dal 1796 al 1946*, Libreria dell'Università Editrice, Pescara 2003; *Unirsi, opporsi, liberarsi. Paradigmi federalisti dalla Repubblica cisalpina alla Repubblica italiana*, in "Trimestre", XXXII, nn. 2-3, 1999, pp. 183-209; *La critica della democrazia in Pisacane*, in G.M. Bravo (a cura di), *La democrazia tra libertà e tirannide della maggioranza nell'Ottocento*, Olschki, Firenze 2004.

N. Rosselli, *Mazzini e Bakunin. 12 anni di movimento operaio in Italia (1860-1872)*, Torino 1927.

L. Salvatorelli, *Il pensiero politico italiano dal 1700 al 1870*, Einaudi, Torino 1975.

G. Candeloro, *Storia dell'Italia moderna. Dalla restaurazione alla rivoluzione nazionale*, Feltrinelli, Milano 1958 (vol. II).

F. De Sanctis, *Mazzini e la scuola democratica*, Einaudi, Torino 1961.

AA.VV., *Scritti sul Risorgimento*, Feltrinelli, Milano 1961.

G. Pirodda, *Mazzini e gli scrittori democratici*, Laterza, Bari 1978.

S. Mastellone, *Mazzini e la "Giovine Italia" (1831-34)*, Domus Mazziniana, Pisa 1960; S. Mastellone (a cura di), *Mazzini e gli scrittori politici europei (1837-1857)*, Centro Editoriale Toscano, Firenze 2005.

A. Levi, *La filosofia politica di Giuseppe Mazzini*, Zanichelli, Bologna 1917.

M. F. Sciacca, *La filosofia all'età del Risorgimento*, Vallardi, Milano 1948.

G. Giannini, *La Repubblica Romana*, in "L'Incontro" (ottobre 2000).

B. Musolino, *Giuseppe Mazzini e i rivoluzionari italiani*, 2 voll., L. Pellegrini, Cosenza 1982, in "Trimestre", XVII, nn. 1-2, 1984.

Bibliografia su Lulu

www.lulu.com/spotlight/galarico

- Cinico Engels. Oltre l'Anti-Dühring
- Amo Giovanni. Il vangelo ritrovato
- Pescatori di uomini. Le mistificazioni nel vangelo di Marco
- Contro Luca. Moralismo e opportunismo nel terzo vangelo
- Arte da amare
- Letterati italiani
- Letterati stranieri
- Pagine di letteratura
- L'impossibile Nietzsche
- In principio era il due
- Da Cartesio a Rousseau
- Le teorie economiche di Giuseppe Mazzini
- Rousseau e l'arcantropia
- Esegeti di Marx
- Maledetto capitale
- Marx economista
- Il meglio di Marx
- Io, Gorbaciov e la Cina (pubblicato dalla Diderotiana)
- Il grande Lenin
- Società ecologica e democrazia diretta
- Stato di diritto e ideologia della violenza
- Democrazia socialista e terzomondiale
- La dittatura della democrazia. Come uscire dal sistema
- Etica ed economia. Per una teoria dell'umanesimo laico
- Preve disincantato
- Che cos'è la coscienza? Pagine di diario
- Che cos'è la verità? Pagine di diario
- Scienza e Natura. Per un'apologia della materia
- Siae contro Homolaicus
- Sesso e amore
- Linguaggio e comunicazione
- Homo primitivus. Le ultime tracce di socialismo
- Psicologia generale
- La colpa originaria. Analisi della caduta
- Critica laica
- Cristianesimo medievale
- Il Trattato di Wittgenstein

- Laicismo medievale
- Le ragioni della laicità
- Diritto laico
- Ideologia della Chiesa latina
- Esegesi laica
- Per una riforma della scuola
- Interviste e Dialoghi
- L'Apocalisse di Giovanni
- Spazio e Tempo
- I miti rovesciati
- Pazìnzia e distèin in Walter Galli
- Zetesis. Dalle conoscenze e abilità alle competenze nella didattica della storia
- La rivoluzione inglese
- Cenni di storiografia
- Dialogo a distanza sui massimi sistemi
- Scoperta e conquista dell'America
- Il potere dei senzadio. Rivoluzione francese e questione religiosa
- Dante laico e cattolico
- Grido ad Manghinot. Politica e Turismo a Riccione (1859-1967)
- Ombra delle cose future. Esegesi laica delle lettere paoline
- Umano e Politico. Biografia demistificata del Cristo
- Le diatribe del Cristo. Veri e falsi problemi nei vangeli
- Ateo e sovversivo. I lati oscuri della mistificazione cristologica
- Risorto o Scomparso? Dal giudizio di fatto a quello di valore
- Cristianesimo primitivo. Dalle origini alla svolta costantiniana
- Le parabole degli operai. Il cristianesimo come socialismo a metà
- I malati dei vangeli. Saggio romanzato di psicopolitica
- Gli apostoli traditori. Sviluppi del Cristo impolitico
- Grammatica e Scrittura. Dalle astrazioni dei manuali scolastici alla scrittura creativa
- La svolta di Giotto. La nascita borghese dell'arte moderna
- Poesie: Nato vecchio; La fine; Prof e Stud; Natura; Poesie in strada; Esistenza in vita; Un amore sognato

Indice

Premessa...5
Biografia di Giuseppe Mazzini...7
Teorie economiche nei Doveri dell'uomo..........................12
Teorie economiche ne "La Roma del Popolo"....................36
La critica di Marx ed Engels a Mazzini.............................57
Gramsci critico di Mazzini...61
Bibliografia..63
Bibliografia su Lulu..65

www.ingramcontent.com/pod-product-compliance
Lightning Source LLC
Chambersburg PA
CBHW061520250726
48657CB00005B/1973